열두 살
창업학교

부자가 되고 싶은 꿈 많은 어린이를 위한 창업 교육 동화

열두 살 창업학교

권오상 지음 | 손수정 그림

카시오페아
Cassiopeia

사랑하는
두 아들 이준, 서준과
아내 윤경에게

 들어가는 말

부모님들께

불과 20년 전만 해도, 열심히 공부해 좋은 대학을 나오고 원하는 회사에 취직하면 밥벌이에 대한 큰 걱정 없이 살아갈 수 있던 시대였습니다. 지금은 어떨까요? 대학 졸업장은 예전만큼 힘을 발휘하지 못합니다. 좋은 일자리를 구하는 것이 하늘의 별 따기보다 어렵고, 심지어 원하는 회사에 취직해도 금방 퇴사하는 일이 많고 정년을 보장받는 것도 어렵지요. 이제 '평생 직장'이라는 말은 사라진지 오래되었습니다.

아이들이 살아갈 세상은 저와 여러분이 살아왔던 것보다 훨씬 빠르게 변화하고 있습니다. 생성형 인공지능 챗GPT가 등장하며, 현재 있는 직업의 상당수가 사라질 것이라는 전망까지 나오고 있지요. 이는 결코 디스토피아를 그린 과학소설의 소재만이 아닙니다. 아이들이 자라 성인이 되었을 때 앞으로 도대체 무슨 직업을 가지고 어떤 일을 하며 살아갈 것인지 짐작조차 할 수 없으니, 부모들이 불안함과 두려움을 갖는 건 당연합니다. 이제 저와 여러분이 아는 경험과 기술의 대부분이 아이들 시대에는 한갓 무용지물이 될 가능성이 다분합니다. 단지 학교 공부만 잘한다고, 시험 성적이 좋다고 해서 해결될 문제가 아니라는 얘기입니다.

그렇다고 손을 놓고 있을 수는 없습니다. 우리 아이들은 앞으로 어떻게 살아가야 할까요? 뭐가 좋을지를 알려줄 재간은 없지만, 다만 한 가지 확실한 사실은 있습니다. 이제 새롭게 생겨날 일과 직업은 '세상의 필요와 문제를 해결해주는 사람들'에게 주어지게 되리라는 것이지요. 그걸 찾고 만들어내는 과정을 어려워하지 않고, 가까운 사람들과 함께 해 나가는 일종의 모험으로 여기게 해 줄 필요가 있습니다. 이것이 바로 창업과 비즈니스의 경험이 초등학생들에게 필요한 이유입니다. 혼자서 하기 힘든 일을 하기 위해 만들어진 게 바로 회사입니다. 즉 본래 비즈니스는 세상의 필요와 문제를 해결하기 위해 고안된 수단 중 하나입니다.

이 책의 전작이면서 시퀄인 『민준이와 서연이의 금융경시대회』에서 금융을 소개했고, 프리퀄인 『열두 살 경제학교』에서 경제를 알려줬다면, 이번 책에서는 비즈니스와 창업을 다룹니다. 창업을 경험하고 느껴 볼 수 있는 생생한 이야기들을 담아냈고, 단순히 스타트업에만 적용되기보다는 대기업을 포함한 비즈니스 생태계 전반에 적용되는 관점들을 제시합니다.

사실 창업은 대학의 경영학과에서도 상대적으로 가르치기 까다로운 세부 전공입니다. 경영학에선 창업이라는 말 대신 보통 앙트레프레뉴어십, 이른바 '기업가 정신'이라는 말을 사용하지요. 어느 쪽이든 이론화가 쉽지 않고 일종의 종합 예술적 성격이 있다는 게 공통점입니다. 달리 말해 교과서나 개론서 같은 방식으로 설명하기가 쉽지 않은 분야입니다. 또한 설혹 그게 가능하다 할지라도 그런 책은 읽기에 지루합니다.

그래서 이 책에서는 어린이 소설의 형식을 빌려 이야기를 꾸며 놓았습니다. 또래의 주인공이 등장하는 이야기를 만나면 경제와 금융의 딱딱한 개념조차도 아이들이 훨씬 즐겁게 잘 소화하더라는 그간의 경험을 이번에도 그대로 살리고자 한 겁니다. 『열두 살 경제학교』와 『민준이와 서연이의 금융경시대회』를 읽어 본 아이들치고 재미없다거나, 끝까지 읽지 못한 아이는 거의 없었다고 자부합니다. 부모님들도 경제와 금융은 뭔가 어려운데 아이들 독서 지도하느라 같이 읽으면서 많이 배웠다는 피드백도 많았습니다. 작가로서 감사한 일입니다.

이 책의 주인공인 서연이와 민준이는 텔레비전 방송국에서 주최하는 창업 캠프에 참가하여 창업의 여러 단계를 몸소 체험합니다. 그 과정은 결코 화려한 레드 카펫을 밟기만 하는 그런 것은 아닙니다. 신이 나고 성취감을 느낄 때도 있지만 외부적인 어려움과 팀 내부의 의견 충돌 같은 갈등도 겪습니다. 창업을 단지 장밋빛으로만 그리는 것은 오히려 무책임한 소개가 아닐까 싶었습니다. 이 책에서는 창업의 긍정적인 측면과 부정적인 측면을 골고루 보여 주려고 했습니다.

작가로서 저는 이 책에서 벌어지는 민준이와 서연이의 창업 이야기를 각각 남자 아이와 여자 아이가 주인공으로 나오는 아동 소설의 고전에 빗대고 싶었습니다. 기존 아동 소설에서 쓰는 친숙한 이야기 전개 방식을 책에 녹인다면, 아이들의 이야기를 좀 더 생생하게 만들 수 있지 않을까 기대한 거지요. 또 창업이란 낯선 주제가 아동 소설의 이야기와 만나 아이들이 더 쉽고 재미있게 이 책을 이해할 수 있기를 바랐습니다.

제가 고른 고전은 『톰 소여의 모험』과 『키다리 아저씨』였습니다. 마크 트웨인이라는 필명으로 『톰 소여의 모험』을 쓴 새뮤얼 랭혼 클레먼스는 달리 설명이 필요 없는 19세기 미국 문예의 거장입니다. 또 『키다리 아저씨』는 제가 어렸을 적에 워낙 재미있게 읽었던 터라 그 좋아했던 마음을 담아 좀 더 직접적으로 오마주를 표했습니다. 그런데 알고 보니 『키다리 아저씨』를 쓴 진 웹스터의 외할머니가 바로 클레먼스의 친누나더군요. 생각지 못한 우연이 몹시 반가웠답니다. 클레먼스는 "날마다 그날이 당신의 가장 아름다운 날이 될 우연한 기회를 주라"고 말했지요.

이 책의 주된 독자는 초등학교 고학년입니다. 하지만 초등학교 저학년이나 중학생이 읽어도 크게 넘치거나 모자란 부분이 있지는 않으리라 생각합니다. 자연스러운 이야기의 흐름이나 경제, 금융, 창업의 개념을 단계적으로 이해하는 관점에서, 이 책을 읽기 전에 『열두 살 경제학교』를 먼저 읽는 게 도움이 될 수 있습니다. 하지만 꼭 전편을 읽지 않아도, 이 책을 아이들이 처음 읽는 데에 아무런 지장은 없습니다. 그리고 『열두 살 창업학교』를 읽은 아이들이 중학교에 갈 즈음, 논술 교육을 목적으로 쓴 『민준이와 서연이의 금융경시대회』와 내년쯤 나올 해외 유학과 국제 금융을 다룬 『민준이와 서연이의 해외금융유학』을 차례로 본다면, 창업과 비즈니스뿐 아니라 더 큰 범위의 경제와 금융 전반에 대해 더욱 폭넓게 이해할 수 있으리라 생각합니다.

  이 책이 궁극적으로 목표하는 바는 아이들이 창업의 개념을 알고 나중에 언젠가 자기 이름으로 된 회사를 만들어 보면 좋겠다는 꿈을 꾸게 하는 것입니다. 물론 모든 아이들이 창업을 해야 된다고 생각하지는 않습니다. 하지만 설혹 선택은 하지 않을지언정 창업이라는 선택지가 있다는 사실 정도는 이 책을 통해 알게 되었으면 하는 바람입니다. 또한 내가 직접 일터를 만드는 것과 남이 만든 일터에서 일하는 것 사이에 균형이 잘 이루어져야 조화로운 사회가 될 수 있음도 깨닫게 되기를 기대합니다.

2023년 6월
자택 서재에서
권오상

 **들어가는 말**

어린이 여러분에게

어린이 여러분, 안녕하세요. 이렇게 여러분을 글로 만나게 되어 반가워요. 이전에 다른 책으로 이미 만난 적이 있다면 더욱 반가워요.

여러분은 비즈니스라는 말이 어떻게 들리나요? 왠지 어렵고 어른들만 할 수 있는 그런 것처럼 느껴지지 않나요? 어느 정도는 사실이지만 꼭 그런 면만 있는 건 아니랍니다. 재미와 보람 그리고 보상도 적지 않게 따르는 게 바로 비즈니스거든요.

예를 들어 볼게요. 여러분이 노래를 잘 부르거나 운동을 잘 한다고 해 봐요. 소질이 있는 걸 열심히 연습해서 나중에 유명한 사람이 될 수 있잖아요. 이름하여 셀럽이 되는 거지요. 유명인이 되고 나면 사람들도 많이 알아 보고 돈도 많이 벌고 좋은 일이 많죠.

그런데 그것만으로 만족이 되지 않는 경우도 있어요. 얼음이 녹아 살 곳이 없어진 북극곰 가족을 살리고 싶다든지, 온 지구의 플라스틱 쓰레기를 줄이기 위해 대나무로 칫솔을 만든다든지, 혹은 우주로 탐험을 나가기 위한 로켓을 만든다든지 하는 꿈이 있을 수 있잖아요. 이런 것들은 모두 혼자 힘으로 하기엔 벅찬 일들이지요. 그렇다고 지레 포기할 필요는 없어요. 같은 꿈을 가진 사람들을 찾아 함께 하면 되니까요. 즉 비즈니스는 여러 사람들이 공동의 목적을 가지고 서로 힘을 합쳐 벌이는 일이에요.

세상에는 이미 그러한 꿈을 가지고 활동 중인 회사가 적지 않게 있어요. 여러분과 같은 꿈을 가진 회사가 있다면 나중에 어른이 돼서 그 회사에 들어가는 것도 좋은 일이지요. 그런데 아무리 찾아 봐도 그런 회사가 없다면 큰일이잖아요? 그럴 때도 너무 걱정할 필요는 없어요. 여러분이 직접 그런 회사를 만들면 되니까요. 즉 창업은 회사를 새로 만들어 비즈니스를 하는 걸 가리키지요. 그 과정에서 큰 돈을 벌 수도 있고요.

이 책의 주인공은 여러분 또래인 초등 5학년생 서연이와 민준이에요. 서로 다른 학교에 다니는 둘은 겨울방학 때 창업 캠프에 참가해서 비즈니스와 창업을 온몸으로 겪게 돼요. 그 과정은 때로는 스릴 넘치고 때로는 희열로 가득한 모험이지요. 이번 기회에 서연이, 민준이와 함께 창업이라는 모험을 간접 경험하고 나면, 혹시 나중에 어른이 되어 여러분의 이름을 딴 멋진 회사를 만들게 될지도 모르잖아요. 여러분이 이 책을 통해 창업과 비즈니스를 꿈꾸게 되기를 기대하며 들어가는 말을 마칠게요.

이준과 서준 아빠가

차 례

들어가는 말 **부모님들께** -------------------------- 7
들어가는 말 **어린이 여러분에게** ------------------ 13
이 책을 먼저 읽은 어린이들의 이야기 -------------- 18
등장 인물 소개 ------------------------------- 22

1장 열두 살도 창업을 꿈꿀 수 있을까? -------------- 27
　　　[연대] 해 보고 싶은 일이 혼자 힘으로는 벅차다면?

2장 온라인 모임도 비즈니스가 될 수 있다고? --------- 43
　　　[모험] 컴퓨터 게임과 창업의 공통점은?

3장 같이 일할 동료들을 어떻게 모을까? ------------- 59
　　　[결성] 스타트업에서 좋은 팀을 꾸리는 방법은?

4장 어떤 것을 해야 잘 될 수 있을까? -------------- 75
　　　[기획] 창업 아이템은 어떻게 정해야 할까?

5장 서연이와 친구들의 회사 에코가 닻을 올리다 ------- 91
　　　[매출] 회사가 걸음마를 걷기 시작했다는 증거는?

6장 직원들 월급은 어떻게 마련할까? --------------- 107
　　　[자본] 회사 운영에 쓸 돈을 구하려면?

7장 우리 정말 잘하고 있는 걸까? ---------- 123
　　　[성장] 사업이 커지는 걸 확인하는 지표는?

8장 버는 게 전부가 아니야, 잘 쓰는 것도 중요해 ------ 139
　　　[비용] 나가는 돈을 가리키는 말은?

9장 회사가 망하지 않으려면 뭐가 필수지? --------- 155
　　　[이익] 진짜로 돈을 버는 상태란?

10장 민준이네 회사가 위기를 맞닥트리다 ---------- 171
　　　[경영] 어려운 시기를 잘 헤쳐 나가려면?

11장 창업 캠프의 우승팀은 과연 어딜까? ---------- 187
　　　[잣대] 비즈니스의 성공을 판단하는 기순은?

12장 시작이 있으면 끝도 있는 거야 ------------ 203
　　　[필업] 창업은 어떻게 마무리해야 하는 걸까?

부록　개념어사전 ------------------------ 218

 **이 책을 먼저 읽은 어린이들의 이야기**

민준이와 서연이가 창업 캠프에 참여하는 것을 시작으로, 창업에 대한 여러 가지 일들이 신나는 모험처럼 펼쳐진다. 같이 일할 동료를 구하는 것부터, 직접 회사를 세워 매출을 내는 것까지, 창업의 시작과 끝을 재미있는 이야기로 읽으니 쉽게 이해할 수 있었다. 솔직히 창업은 재미없을 줄 알았는데 기대와는 달리 너무 재미있었다. 내 또래인 열두 살이 창업을 한다는 게 신기했다.

- 임서윤, 수리초등학교 5학년

이 책은 단순히 창업만을 다루고 있는 것이 아니라, 꿈을 꾸게 해 준다. 아이들은 서로 모여 어떤 것을 가장 좋아하고 잘 아는지 함께 이야기하며 창업 아이템을 정한다. 나도 주인공 아이들처럼 내가 무엇을 좋아하는지, 잘 아는지, 어떤 것에 흥미를 느끼는지, 앞으로 무슨 일을 하고 싶은지 등에 대해서 구체적으로 생각해 보게 되었다. 부자가 되고 싶은, 그리고 꿈이 많은 초등학생들이라면 이 책을 읽어봤으면 좋겠다.

- 김지민, 수리초등학교 6학년

나도 민준이가 만든 회사 '게임의 나라'의 공동창업자가 되고 싶다. '게임'과 '온라인 공간'이라는, 초등학생들에게 친숙한 소재가 창업으로도 연결될 수 있다는 사실이 놀라웠다. 지금 내가 관심 있는 것들이 언젠가는 내 일이 될 수 있을지도 모른다는 생각이 들었다. 지금까지 읽은 모든 책 중 TOP3 안에 들어갈 만큼 정말 많이 재미있었다. 친구들과 우리 가족에게도 이 책을 꼭 보여주고 싶다.

- 김단우, 방일초등학교 5학년

　　나와 같은 나이인 아이들이 창업을 생각한다는 것이 놀라웠다. 이 책의 주인공 아이들은 회사를 잘 운영하지만, 꼭 좋은 일만 일어나지는 않는다. 위기를 겪기도 하고 실패도 한다. 하지만 그 과정에서 많은 것들을 배우며 함께 성장해 나간다. 나도 언젠가 친구들과 함께 회사를 만들어 일을 해보고 싶다는 생각이 들었다. 힘든 일들이 있겠지만, 민준이와 서연이처럼 어려운 문제를 척척 해결해 나갈 수 있을 것 같다.

- 오서윤, 방일초등학교 5학년

친환경 간식 회사인 '에코'를 만든 서연이와 지유, 유주, 이서가 같이 창업 캠프에 참가하러 가는 장면에서 나도 함께 심장이 두근거렸다. 서연이가 쉬운 수수께끼를 내는데도 지유가 단번에 맞히지 못할 때는 웃겨서 큭큭하고 웃음이 새어 나올 뻔했다.

— 주혜원, 방일초등학교 5학년

초등학생이 창업을 하면 어떨까? 상상만 해도 짜릿하다. 좋아하는 일을 하며 돈도 벌 수 있고, 뉴스에 나와서 인터뷰도 할 수 있고, 친구들 사이에서 '인싸'도 될 수 있을 것이다. 창업은 어른들만 할 수 있는 게 아니라 꿈이 있는 사람이라면 누구든 도전해볼 수 있는 일이라는 걸 알게 되었다. 나도 민준이와 서연이처럼 한 번도 해 보지 않은 일에 새롭게 도전하며, 진지하게 회의도 해보고 사업 전략도 짜보고 싶다. 정말 멋있을 것 같다!

— 최연우, 방일초등학교 5학년

"어린이들이 읽기에 너무 어려운 내용인가?"라고 누군가 묻는다면 난 "아니다"라고 말할 것이다. 창업은 어려운 것이라고만 생각했는데, 전혀 아니었다. 고전 명작인 『톰 소여의 모험』과 『키다리 아저씨』의 이야기 전개 방식을 가져온 덕분에 낯선 주제임에도 술술 읽혔다. 그리고 일상의 이야기들이 책에 담겨 있어서 좋았다. 의견이 안 맞는 친구들과 다투다가도 금방 화해하고, 쿠키를 굽다가 오븐을 태워 먹어 엄마한테 등짝을 맞는 등 책에 나오는 여러 이야기가 꼭 내 이야기 같았다.

- 한진우, 방일초등학교 5학년

 **등장 인물 소개**

'게임의 나라' 친구들

송민준: 미주초등학교 5학년. 게임을 잘하고 좋아한다. 지난 여름방학 때 외삼촌이 운영하는 '가상경제학교'에서 활약했던 민준이는 이번에는 나우주의 권유로 창업 캠프에 참가하여, 온라인 모임 회사 '게임의 나라'의 공동창업자가 된다.

구수호: 미주초등학교 5학년. 곰처럼 덩치가 크고 축구를 좋아한다.

배건우: 미주초등학교 5학년. 소심한 성격으로 자기 생각을 말하기 어려워한다.

나우주: 미주초등학교 5학년. 자신감이 지나쳐 친구들에게 얄미움을 자주 산다.

조형규: 미주초등학교 5학년. 호기심이 많아 남들이 뭐하는지 늘 궁금해 한다.

유세혁: 미주초등학교 5학년. 이런저런 제안을 능숙히 할 줄 안다.

'에코' 친구들

한서연: 서오초등학교 5학년. 전교 1등을 다툴 만큼 공부를 잘하며, 늘 머릿속에 호기심이 넘쳐난다. 친환경 간식 사업의 공동창업자가 된 서연이는 회사 이름을 '에코'로 짓고, 아이들을 잘 이끄는 등 창업가가 될 소질을 보여주며 창업 캠프에서 적극적으로 활동한다.

강지유: 연주초등학교 5학년. 지난 여름방학 때 영재교육원에서 서연이와 같이 수업을 들었다. 스타트업을 만든 의대생 언니의 신문 기사를 보고 창업의 꿈을 갖게 됐다.

황이서: 은성초등학교 5학년. 요리에 진심으로, 자신이 만드는 샌드위치에 자부심이 넘친다.

원유주: 충안초등학교 5학년. 장래 희망이 금융인으로, 돈에 민감하며 매출에 관심이 많다.

민준이네

민준이 엄마: 학구열이 높아 공부하라는 소리를 자주 하지만, 늘 민준이를 응원한다.

민준이 외삼촌: 스타트업 '가상경제학교'를 운영한 경험이 있고, 세계적인 대기업에 재직 중이다. 민준이가 창업의 기본 개념을 이해하는 데 도움을 준다.

민준이 외할아버지: 초등학교 교장 선생님으로 재직했던 경험을 바탕으로 민준이에게 비즈니스의 역사적 흐름을 쉽고 재미있게 들려준다.

서연이네

서연이 엄마: 항상 호기심 넘치는 서연이가 버거울 때가 있지만, 늘 눈높이를 맞춰 이야기를 나눈다.

서연이 아빠: 티는 안 내지만 서연이가 하는 일을 묵묵하고 든든히 응원한다. 현재 대학교수로 일하고 있다.

서연이 큰이모: 음악학원을 오랫동안 운영한 경험을 살려, 서연이에게 이익의 의미가 무엇인지 알려준다.

서연이 이종사촌언니: 곧 고등학교 3학년 수험생이 될 예정이다. 서연이처럼 외동인 데다, 어렸을 때 가까이 살아서 서연이와 친자매처럼 친하다.

그 외 인물들

진시연 선생님: 지난 여름방학에 영재교육원에서 서연이와 친구들에게 경제를 가르쳐주었다. 그때의 인연으로 아이들에게 창업 캠프 참가를 권유한다.

심나연 강사: 창업 캠프의 강사. 스타트업을 창업한 경험이 있다. 캠프에 참가한 아이들이 창업에 도전할 수 있게 도와준다.

창업 캠프 심사위원들: 얼굴과 목소리를 공개하지 않은 채, 결선에 진출한 아이들의 창업과 비즈니스를 평가한다.

곰아지 아저씨: 서연이와 친구들을 창업 캠프에 추천한, 서연이의 창업 캠프 멘토다. 정작 서연이의 메일에 한 번도 답장하지 않아, 호기심을 아주 자극하는 베일에 싸인 인물.

1장

열두 살도 창업을 꿈꿀 수 있을까?

연대
해 보고 싶은 일이 혼자 힘으로는 벅차다면?

1등
인공지능 치매치료

"띠리링."

책상에 놓여 있던 서연이의 핸드폰이 울렸다. 마침 살짝 지루함을 느끼고 있던 터라 서연이는 문자가 반가웠다. 누가 보낸 문자일까 궁금해하며 핸드폰을 열었다.

예쁜 데다가 공부도 잘하는 서연이는 학교에서 인기가 많았다. 서연이를 만난 아이들은 모두 서연이와 친구가 되고 싶어 했다. 성격도 좋은 서연이는 두루 친하게 지냈다. 서연이 주변은 늘 친구들로 북적거렸다.

하지만 겉으로 드러난 밝음이 서연이의 전부는 아니었다. 많은 친구들 사이에서 서연이는 때때로 외로움을 느꼈다. 언니나

오빠 혹은 동생이 있는 친구를 보면 부럽다는 생각을 하곤 했다. 아빠와 엄마를 누구보다 사랑하고 또 아빠 엄마가 자기를 너무나 사랑해준다는 사실을 잘 알았지만 그걸로 채워지지 않는 텅 빈 부분이 있었다.

'서연아, 나, 영재원에서 같이 수업 들었던 지유야. 통화하고 싶은데 괜찮아?'

낯선 사람에게서 온 문자는 아니었다. 강지유는 옆 동네인 연주초등학교에 다니는 친구였다. 서연이는 피식 한숨을 내쉬며 강지유에게 전화를 걸었다.

"서연아, 안녕. 잘 지내?"

강지유의 목소리는 언제나처럼 자신감이 넘쳤다. 서연이는 자신감이 넘치는 강지유가 좋았다.

"지유야, 안녕."

"우리 저번에 영재원 수료식 때 본 게 마지막이다, 그치?"

"그러게. 우리 이번에 방학하면 한번 볼까?"

서연이는 얼마 전에 수료한 영재원에서 같이 수업을 들은 친구들을 떠올렸다. 유치원을 같이 다닌 황이서와 충안초등학교를 다니는 원유주까지 네 명이서 가깝게 지내던 사이였다. 또 다빈치반을 맡았던 진시연 선생님 생각도 났다. 서연이는 누구보다도 진시연 선생님을 따랐다.

"그럼 너무 좋지. 그렇지 않아도 서연이 너한테 물어볼 게 있어서."

"뭔데?"

"너, 이번 겨울방학 때 혹시 어디 가니?"

강지유의 질문은 예상 밖이었다. 어리둥절해진 서연이는 떠듬떠듬 대답을 했다.

"어, 아니, 글쎄. 엄마 아빠랑 잠깐 여행 갈지도 몰라."

"오래 가는 거야?"

"그런 건 아니야. 가더라도 하루 이틀?"

서연이는 지유가 왜 그걸 묻는지 도무지 짐작이 가질 않았다.

"그런데 왜?"

"다른 게 아니라 이번 12월부터 세 달 동안 너 시간이 어떤가 해서 그래. 어디 멀리 가는 건 아닌 거지?"

"응, 그런 계획은 없어."

서연이의 대답을 들은 강지유의 목소리는 한층 더 밝아졌다.

"휴, 다행이다, 난 당연히 네가 어디 갈 거라고 생각했거든."

"내가 가긴 어딜 가?"

"왜 초등 5학년이나 6학년 겨울방학 때 어학연수 같은 거 많이 가깝아. 우리 언니도 5학년 겨울방학 때 미국 갔었거든. 나도 이번에 특별한 일 없었으면 아마 갔을 거야."

서연이는 어렴풋이 강지유가 뭘 물으려는 건지는 알 것 같았다. 예전에 서연이의 이종사촌 언니가 비슷한 걸 갔다는 얘기를 들은 적이 있었다.

"아니, 나는 어학연수 갈 생각 없어."

"암튼 잘됐어. 서연아, 우리 이번에 같이 캠프 하자."

"캠프?"

서연이는 다시 당황스러웠다. 아빠 엄마와 경기도 가평에 캠핑 가서 불도 피우고 바비큐도 해 먹은 기억이 났다.

"어저께 진시연 선생님한테 연락을 받았어. 텔레비전 방송사에서 하는 창업 캠프가 이번 겨울방학 동안 있나 봐. 방송사에서 교육지원청에 학생을 추천해달라고 했는데 그게 영재원을 거쳐 진시연 선생님한테 연락이 갔나 봐. 선생님 보기에도 좋은 프로그램이라서 우리가 참가해 보면 어떨까 하는 생각을 하셨대. 아빠한테 어젯밤에 허락받느라고 지금 연락한 거야."

진시연 선생님이 추천해 줬다고 하니 서연이는 자기도 모르게 마음이 놓였다. 강지유는 말을 계속 이어 갔다.

"아빠한테 허락받고 나서 누구랑 같이 하면 좋을까 생각해 봤는데 답이 너무 뻔한 거 있지. 서연이 너하고 유주, 그리고 이서까지 네 명이서 팀을 만들면 좋을 것 같아서. 유주하고는 이미 통화했는데 좋대. 너도 괜찮지?"

강지유가 얘기한 원유주와 황이서까지 넷이서 팀을 만드는 것에는 전혀 꺼림칙할 게 없었다. 꺼리기는커녕 모두 다 좋았다. 한편으로 '왜 나한테 먼저 연락 주시지 않고 지유에게 연락을 하신 거지?' 하는 살짝 섭섭한 마음도 괜스레 들었다. 서연이는 곧바로 대답하지 않았지만 강지유는 아랑곳없이 서연이를 보챘다.

"서연아, 꼭 같이 하자, 응?"

"너희랑 같이 하는 건 나도 좋아. 근데 창업 캠프라고 했어?"

"응."

서연이는 진시연 선생님에게 배운 경제를 머릿속에 되살려 보았다. 언뜻 생각해 보기에 영재원에서 창업을 배운 기억은 없었다. 경제란 무엇이고 나중에 어른이 돼서 무슨 직업을 가지면 좋을지 등을 배운 적은 있었지만 창업은 아니었다.

"우리, 창업을 배운 적은 없지 않니?"

"맞아, 배운 적 없었어. 아이돌 오빠들이 번 돈을 기획사랑 나누듯이 어른들이 번 돈도 국가랑 나누게 된다는 건 배웠지만."

서연이 어깨가 움츠러들었다. 똑똑하고 씩씩한 서연이였지만 아직은 초등학교에 다니는 어린이일 뿐이었다.

"저, 지유야, 나 창업은 생각해 본 적이 없어서. 그게 회사를 만들어서 사업을 하는 거잖아. 아직 초등학생인 우리가 그런 걸 할 수 있을까?"

사업을 한다는 생각에 서연이는 덜컥 겁이 났다. 좋은 대학에 가고 좋은 직장에 들어가려면 열심히 공부해야 한다는 생각을 해 본 적은 있었다. 아빠처럼 교수가 되려면 공부를 많이 해야 한다는 생각도 해 보았다. 하지만 사업을 한다는 생각은 조금도 해 본 적이 없었다. 사업은 그저 위험하고 어려운 일일뿐이었다.

강지유는 서연이 말에 별로 놀란 것 같지 않았다. 많이 들어 봤다는 듯 대수롭지 않게 말했다.

"서연아, 그런 생각 드는 것도 당연하긴 해. 우리 아빠도 맨날 그런 얘기하거든."

강지유에게 핀잔이라도 들을까 걱정하던 서연이는 마음이 조금 놓였다.

"너희 아빠가 그런 말 많이 하셔?"

"얘, 말도 마. 울 아빠는 내가 다른 생각 말고 공부만 열심히 해서 자기 뒤를 이어 의사가 돼야 한다고 얼마나 부담을 주는지 아니?"

강지유의 아빠가 의사인 것은 서연이도 어슴푸레 짐작하고 있었다. 지난 영재원 수업에서 장래 희망 직업을 이야기했을 때 강지유는 의사를 골랐었다.

"아빠가 의사면 보통 그렇게 기대 많이 하실 것 같아."

"우리 아빤 의사가 세상에서 제일 잘난 사람이라고 생각한다니까. 의사가 된 사람들은 모두 학교 다닐 때 전교 1등을 놓친 적이 없는 영재라나. 대통령도 전 국민에게 시험을 보게 해서 성적 1등인 사람이 하는 게 맞다고 하시더라구, 그게 제일 공정하다나. 우리 아빠지만 좀 웃긴 것 같아."

서연이는 나중에 대학 가서 뭘 전공하라고 아빠한테 들은 게 있나 생각해봤다. 신기하게도 서연이 아빠는 그런 마음의 짐을 서연이에게 준 적이 없었다. 혼자만의 생각에 잠깐 빠져 있던 서연이에게 톤이 바뀐 강지유의 말소리가 들려왔다.

"그런데 우리 엄마는 나더러 의사 되지 말래."

서연이는 깜짝 놀랐다. 될 수만 있으면 모두가 되고 싶어 하는 의사말고 다른 걸 하라고 말하는 부모가 있을 거라고는 상상도 못했기 때문이었다. 무슨 말을 해야 할지 막막했던 서연이는 겨우 말을 건넸다.

"아, 그, 그래? 왜 그렇게 얘기하신대?"

강지유는 아무렇지도 않다는 듯 쿨하게 대답했다.

"아빠가 의사라서 돈 많이 벌어오는 건 엄마한텐 좋지만 하루 종일 피부 관리하는 사람들 얼굴에 레이저 쏘면서 보내는 게 뭐 그리 대단한 일이냐고 하는 거 있지? 그보다는 나랑 언니가 좀 더 멋있고 신나고 보람 있는 일을 하면서 살면 좋겠대."

서연이는 강지유 엄마의 말이 마음에 와 닿았다. 뭔가 뜨거운 것을 삼킨 것 같은 느낌이 들었다.

"그래서 말인데, 서연아, 난 아빠 말도 듣고 엄마 말도 들을까 해."

강지유의 말은 마치 그리스 신화에 나오는 스핑크스의 문제 같았다. 사자 몸에 여자 얼굴을 한 스핑크스는 테베 사람들에게 질문을 해서 맞히지 못하면 잡아 먹는 괴물이었다. 서연이는 자기도 모르게 머리카락을 쥐어뜯었다.

"아아, 지유야, 아침엔 네 발, 점심엔 두 발, 저녁엔 세 발로 걷는 것보다 더 어려운 수수께끼 같아."

"응? 와하하, 서연아, 네 말솜씨가 어쩜 그리 반짝반짝하니?"

둘은 서로 기분 좋게 소리 내어 웃었다. 서연이는 강지유의 칭찬에 쑥스러운 마음도 들었다.

"아니, 그러니까 어떻게 네가 아빠 말도 들으면서 또 엄마 말을 들을 수 있는지 난 잘 이해가 안 돼서."

강지유의 목소리가 핸드폰 너머로 햇살처럼 쏟아졌다.

"간단해. 아빠 말대로 의대는 가지만 엄마 말대로 좀 더 멋있는 일을 하면서 사는 거야. 의사가 되기는 하는데 아빠처럼 동네 병원에서 얼굴의 잡티 제거하면서 살지 않고 더 아름찬 일을 하는 거지. 난 창업을 해 보고 싶어."

서연이는 망치로 머리를 얻어 맞은 것처럼 띵했다. 비록 같은 나이의 친구지만 꿈만큼은 자기보다 컸다. 서연이는 슬며시 부끄러워졌다.

"멋있다, 지유야."

"그냥 아직 꿈일 뿐이야. 내가 아빠처럼 시험을 잘 보는 능력이 있는지도 솔직히 잘 모르겠거든. 의대를 가지 못하면 시작부터 땡 소리 울리는 거지."

"어우, 야아."

자기 꿈 이야기를 하나 보니 강지유는 신이 난 모양이었다. 지유는 서연이가 묻지도 않는 말을 재잘대기 시작했다.

"내가 어쩌다 이런 꿈을 갖게 됐는지 아니?"

"모르지."

"나도 사실 아무 생각 없었는데 얼마 전에 인터넷에서 어떤 글을 봤어. 어떤 언니가 의대 다니던 도중에 인공지능으로 치매를 치료하는 스타트업을 만든 거야. 막 상도 여기저기서 받았더라구. 이 언니를 닮고 싶다는 생각이 들었어."

서연이는 이런 면만큼은 강지유를 닮으면 좋겠다는 생각을 했다.

"그래서 창업 캠프, 같이 할 거지?"

서연이는 아직 확신이 서질 않았다. 그리고 캠프에 참가하려면 부모님의 허락도 받아야 했다.

"지유야, 솔직히 아직 난 잘 모르겠어. 정말 내가 할 수 있는 일인지 자신이 없나 봐."

"아이 참, 그렇게 어렵게 생각할 거 없어, 서연아. 이건 창업을 배우는 캠프지, 진짜 사업을 하는 건 아니잖아."

서연이가 생각해 보니 강지유의 말이 틀리지 않았다. 이건 비즈니스 하는 걸 미리 경험해 볼 수 있는 기회일 뿐이었다. 진짜 사업을 할 때처럼 망하면 어떻게 되나 하고 걱정할 일은 없었다.

"그거야 그렇지. 그치만 부모님 허락도 받아야 하고, 음, 또…."

서연이가 이제 거의 다 넘어왔다고 느낀 강지유는 서연이의 말허리를 잘랐다.

"서연이 너, 하고 싶은 일이 뭔가 있지?"

"응? 갑자기 그게 무슨 소리야?"

"네가 관심이 가거나 이루고 싶거나 그런 일 말이야. 당장 머리에 떠오르지 않을 수는 있지만, 조금만 생각해 보면 아마 있을 거야. 한번 생각해 봐."

서연이는 강지유가 시키는 대로 생각해 보았다. 강지유 말마따나 해 보고 싶은 일을 찾기란 그렇게 어렵지 않았다. 오히려 해 보고 싶은 일이 하나가 아니라 여러 개라는 사실이 문제라면 문제였다.

"그렇기는 하지. 너무 많아서 탈이지, 뭐."

"그치? 그중에 혼자서 하기에 쉽지 않은 일이 있나 생각해 봐."

"당연히 있지. 왜 없겠어."

드디어 강지유는 준비된 마지막 말 한마디를 꺼냈다.

"당연히 있겠지? 서연아, 난 사람들이 회사를 만드는 이유가 혼자 힘으로는 벅찬 일을 여러 사람이 힘을 합쳐 하기 위해서라고 생각하거든. 창업은 일을 해 보려고 하는 출발점 같은 거 아닐까?"

서연이는 더 이상 들을 말이 없었다. 도리어 빨리 12월이 왔으면 좋겠다고 생각했다. 마음이 급해진 서연이는 빨리 부모님에게 허락을 받아야겠다고 결심했다.

"지유야, 잠깐만 전화 끊지 말고 있어 봐. 내가 곧바로 엄마 아빠한테 물어볼게."

"이야호, 그래!"

자기 방을 나서던 서연이는 곧바로 현관에서 아빠와 마주쳤다.

"아빠, 나 물어볼 게 있는데, 내 친구가 텔레비전 방송사에서 하는 창업 캠프가 이번 겨울방학에 있다는데…."

"어 서연아, 아빠 지금 바빠서 얘기 못 들어, 엄마한테 물어보렴. 아빠 나갔다 온다."

쾅 소리와 함께 아파트 문이 닫혔다. 서연이는 기분이 상했다.

"엄마, 아빠 요즘 조금 이상한 것 같아. 왠지 나한테 쌀쌀맞게 대하는 것 같구."

"아빠가 요즘 일이 많은 모양이야. 뭘 물어보려던 거였는데?"

아빠가 사라진 현관에 쌩하고 찬바람이 불었다.

2장

온라인 모임도 비즈니스가 될 수 있다고?

모험 컴퓨터 게임과 창업의 공통점은?

　제법 날이 쌀쌀한 11월이 되었다. 몸에 열이 많은 편인 민준이가 스스로 두꺼운 옷을 찾아 입을 정도로 추워졌다. 그토록 좋아하던 자전거도 얼마 전부터 타러 나가질 못했다.

　자전거를 고이 모셔만 놓은 데는 추워진 날씨만이 이유가 아니었다. 민준이는 요즘 학원 숙제를 하느라 자전거를 탈 시간이 좀처럼 나질 않았다. 5학년 2학기가 되면서 민준이가 다니는 학원의 수가 늘어난 탓이었다. 민준이 엄마가 동네 아주머니들을 만나고 난 후 발생한 일이었다.

　아이들은 엄마들끼리 만난다고 하면 자기도 모르게 두려운 마음이 들었다. 경험상 그런 날 저녁에는 뭔가 좋지 않은 일이 일어나곤 했다. 엄마 친구들의 아들 딸은 하나 같이 슈퍼보이, 슈퍼걸이었다. 그런 뛰어난 아이들의 이야기를 전해 들으면서 불안해지지 않을 수 있는 엄마는 없었다. 엄마의 불안함은 곧바로 더 많은 수의 학원 등록으로 이어졌다.

'엄친아 신드롬'은 설명하기가 어렵지 않은 현상이었다. 예를 들어, 한 학년에 100명의 학생이 학교에 있다면 그중 한 명은 반드시 1등이기 마련이었다. 그 한 명을 모르는 아이나 엄마는 드물었다. 그만큼 그 한 명은 나머지 99명의 집에서 엄친아로 악명을 떨쳤다. 99명의 학생이 엄친아로 괴로움을 겪는 반면 막상 엄친아는 한 명뿐인 거였다. 그 한 명 때문에 나머지 모두가 괴로움을 겪었다.

그러니 아이들이 모여서 놀기란 어려울 수밖에 없었다. 초등학교 5학년쯤 되는 아이들은 예나 지금이나 그저 개구쟁이였다. 개구쟁이들은 몰려 다니며 사고를 쳐야 개구쟁이다웠다. 예전에는 해적 놀이를 하고 뒷동산의 동굴을 탐험하며 놀았다. 요즘의 아이들은 그렇게 놀 기회 자체를 잃고 말았다.

몸을 부대끼며 놀 기회는 거의 사라졌지만 그렇다고 개구쟁이의 마음이 사라질 리는 없었다. 아이들에게 허락된 약간의 기회는 컴퓨터 게임이었다.

여기서는 다른 방식의 엄친아 신드롬이 작동했다. 아이들은 부모들에게 우리 반 아이 중에 게임기를 갖고 있지 않은 아이는 없다고 졸라 댔다. '우리 아이만 게임기가 없는 일이 벌어져서는 안 되지!'라고 생각하지 않을 부모는 마찬가지로 드물었다. 우리 아이가 컴퓨터를 만지다 보면 혹시 메타의 창업자인 마크 저커버그 같은 부자가 될 수 있지 않을까 하는 기대도 슬쩍 끼어들었다.

컴퓨터 게임은 단순히 게임이 아니었다. 그건 다른 아이들과 몰려다니는 수단이었다. 처음에 접하는 혼자 하는 컴퓨터 게임은 금세 싫증이 났다. 친구들과 함께 팀을 이루어 하는 온라인 게임은 할수록 더욱 깊이 빠졌다.

점심을 먹고 난 민준이반 친구들은 교실 한편에 모여 앉았다. 아이들의 이야깃거리는 전날 밤에 있었던 월드컵 축구 경기였다.

"야, 어제 축구 봤어?"

"말도 마. 완전 끝내주지 않냐?"

"내가 이길 거라 그랬잖아. 후반전 추가 시간 막판에 우리가 골을 넣을 때 너무 기뻐서 집이 떠나가라 소리를 질렀다니까."

"나는 보다가 깜빡 졸았는데 아빠 엄마가 "골!" 그러면서 소리 질러서 벌떡 깼어."

민준이반 친구들 중 가장 흥분한 아이는 역시 구수호였다. 곰처럼 덩치가 큰 구수호는 운동이라면 뭐든지 좋아했다. 특히 축구는 구수호가 가장 좋아하는 스포츠였다.

"정말 그렇게 재미있었음? 난 보려고 기다리다가 그만 잠들어 버려서 못 봤음. 많이 아쉬움."

배건우는 얼굴을 찡그리며 진심으로 아쉬워했다. 구수호는 구수한 말투로 배건우를 위로했다.

"건우야, 진짜 아쉬웠겠다. 너도 직접 봤으면 너무 신났을 텐데. 그래도 우리가 16강 올라 갔으니까 그걸 보면 되겠다."

배건우가 기대하는 얼굴로 모두에게 물었다.

"16강 경기는 언제임? 아는 사람 있음?"

아이들은 서로 얼굴을 돌아보았다. 누구 하나 정확히 아는 친구가 없었다. 어색한 적막이 잠시 흘렀다.

"야야, 너희도 참 답답하다. 어떻게 그런 걸 모를 수 있냐?"

옆에서 스마트폰 갖고 혼자 바쁘던 나우주가 갑자기 끼어들었다. 가장 아쉬움이 컸던 배건우가 아이들을 대표해 나우주에게 물었다.

"언젠지 너는 앎? 나 정말 궁금함."

"우리 팀의 16강 경기는 3일 뒤에 열릴 거야."

"오 그래? 좀 더 빨리 했으면 좋겠다."

"하 참, 축구 경기는 그렇게 빨리 할 수 없어. 며칠은 쉬어야 몸이 회복된단 말이야."

듣고 있던 구수호가 고개를 갸우뚱했다.

"난 날마다 해도 힘든지 모르겠던데."

"헐, 구수호, 어떻게 너랑 국가대표 선수들이랑 비교를 하냐?"

공연히 와글대는 아이들 사이에서 배건우는 혼잣말처럼 되뇌었다.

"이번엔 잠들지 않고 꼭 볼 거임. 꼭 볼 거임."

나우주는 딱하다는 표정으로 말했다.

"3일 뒤긴 하지만 보기는 어려워. 경기 시간이 새벽 4시란 말이시."

시끌벅적하던 분위기가 물을 끼얹은 듯 한순간에 식어버렸다. 조형규가 한마디했다.

"새벽 4시면 볼 수 없겠는걸. 아이참, 그런 시간에 하면 어떡하냐."

모두들 시무룩해졌다. 하지만 무거운 공기가 머물러 있는 시간은 채 몇 초 되지 않았다. 아이들은 이내 다른 열광의 대상을 찾아냈다. 아이들에게 새로운 모험거리는 늘 먹고 싶은, 하지만 엄마가 잘 사주지 않는 간식과도 같았다.

"얘들아, 월드컵 보는 대신 우리가 직접 할까?"

유세혁이 새로운 제안을 하자 구수호가 얼떨떨한 표정으로 되물었다.

"엥? 그게 무슨 소리야?"

"아, 나 무슨 얘긴지 알아. 컴퓨터 게임으로 축구하자는 얘기지?"

컴퓨터 게임을 좋아하는 민준이가 누구보다도 먼저 유세혁의 말을 알아들었다. 조형규가 눈을 가늘게 뜨며 말했다.

"그렇지만 그건 두 명밖에 못하잖아. 그럼 재미없는데."

유세혁이 곧바로 반박했다.

"아니 그거 말고, 피파 온라인에 볼타 라이브라는 게 있거든. 네 명이 한 팀을 만들어 상대팀과 풋살을 하는 거야. 우리 네 명이서 한 팀을 만들면 되잖아."

축구와 관련이 있는 거라면 뭐든지 좋아하는 구수호와 월드컵 축구를 못 본 아쉬움이 큰 배건우가 유세혁의 말에 달싹였다. 스마트폰으로 뭔가를 하던 나우주가 다시 한마디 툭 던졌다.

"누가 빠질 건데?"

나우주의 말은 아프지만 사실이었다. 아이들은 모두 여섯 명이었다. 네 명이 한 팀을 이루는 볼타 라이브는 한 명이 팀 전체를 조종하는 보통의 축구 게임보다 여럿이 할 수 있었지만 여전히 충분하지 않았다. 못내 아쉬운 배건우가 지푸라기를 붙잡고 매달렸다.

"사다리를 타서 정하면 어떠함? 아니면 실력대로 네 명을 뽑아도 되지 않음?"

듣고 있던 민준이는 한숨을 내쉬었다. 자신의 실력이 여섯 명 중 4등 안에 들지 않는다고 생각할 친구는 한 명도 없을 게 분명했다.

남들이 뭐하는지가 늘 궁금한 조형규가 축구를 대신하는 새로운 관심거리를 발견했다. 바로 나우주가 스마트폰으로 바쁘게 하는 일이었다.

"나우주, 너 뭐하냐?"

나우주는 고개도 들지 않고 대답했다.

"내가 지금 좀 바쁘거든. 조금 있다 얘기하자."

나름 진지한 나우주의 모습에 조형규는 왠지 모르게 주눅이 들었다. 기가 꺾인 조형규는 군말 없이 나우주의 다음 말을 기다렸다. 덩달아 아이들도 나우주를 눈여겨봤다. 얼마간 시간이 흐른 후 나우주는 고개를 들고 뻐기듯 입을 열었다.

"니들 말이야, 지금 하고 있는 게 뭔지 알아?"

민준이는 나우주의 말이 어이없었다. 나우주가 한 말은 조형규가 물은 질문과 조금도 다르지 않았다. 그럼에도 불구하고 아이들은 나우주의 젠체하는 모습에 오히려 더 궁금증이 났다.

"뭔데?"

"그게 뭐임?"

"뭐하는 거야?"

나우주가 우쭐대며 말했다.

"우리 엄마가 하는 비즈니스가 있거든. 나는 그걸 위해 마케팅하고 있는 중이야."

아이들은 자기도 모르게 움찔했다. 나우주가 거들먹거리며 말한 단어 때문이었다.

아이들도 '비즈니스'라는 말이 무얼 의미하는지는 대략 알았다. 비즈니스란 어른들의 사업이었다. 무엇보다도 비즈니스는 돈을 버는 일이었다. 돈을 버는 일이란 어른만이 할 수 있는 심각한 활동이었다.

그렇지만 아이들을 기죽인 결정적인 단어는 바로 '마케팅'이었다. 마케팅이 뭔지 희미하게라도 가늠할 수 있는 아이는 별로 없었다. 뭔진 모르겠지만 아무튼 비즈니스에서 중요한 일이라는 정도만 짐작할 수 있었다. 그런 대단한 일을 나우주가 하고 있다니 놀라지 않을 수 없었다.

아이들은 마케팅을 하는 나우주가 샘났다. 자기도 마케팅을 할 수 있으면 나우주처럼 중요한 일을 하는 사람이 될 것 같았다. 조형규가 샘을 참지 못하고 넌지시 나우주를 떠봤다.

"우주야, 나 마케팅 한번 해 봐도 돼?"

나우주가 그럴 줄 알았다는 표정으로 거드럭댔다.

"안 돼. 이건 아주 중요한 일이란 말이야. 우리 엄마 비즈니스가 이거에 달려 있다구."

나우주가 거절하자 조형규는 더욱 더 하고 싶은 마음이 간절해졌다. 조형규는 이제 체면 차리지 않고 노골적으로 나우주에게 졸랐다.

"야, 딱 한 번만 해 보자, 응?"

"이거 정말 중요한 건데. 아무래도 불안한데."

"진짜 잘할 수 있다니까. 내가 한 번 하는 대신 500원 줄게."

잠깐 고민하는 척하던 나우주는 조형규에게 선심 쓰듯 말했다.

"좋아, 그럼 내가 한 번만 하게 해 줄게."

조형규가 나우주의 허락을 얻어내자 다른 아이들도 하고 싶어 안달했다. 나우주는 원하는 아이들에게 500원씩 받고 한 번씩 하게 해 주었다.

나우주가 한다는 마케팅은 막상 해 보니 별 게 아니었다. 회원이 많은 인터넷 동호회를 찾아 거기에 나우주 엄마가 옷이나 액세서리 등을 파는 웹사이트를 소개하는 글을 올리는 거였다. 소개글 링크를 통해 나우주 엄마의 웹사이트에 방문자가 많아지면 그만큼 더 많이 팔릴 거라 기대하는 듯했다. 더불어 사람들이 웹사이트에 글도 남기고 서로 '좋아요'도 누르면 온라인 모임도 키우는 셈이었다. 마케팅이 새로운 모험거리인 줄 알았던 아이들의 관심은 곧바로 시들해졌다.

아이들의 흥미가 사그라듦을 느끼자 나우주는 다른 제안을 내놓았다.

"니들, 500원씩 내고 한 번 해 봤으니까 이제부턴 좀 다른 규칙으로 해 볼까?"

내내 심드렁했던 유세혁이 나서서 답했다.

"왜? 하는 값을 조금 깎아 주려고? 그런다고 더 할 사람 있겠냐?"

나우주는 빙긋거리며 말했다.

"그런 정도 할 거라면 내가 얘기 안 했지. 한 번 500원 냈던 사람은 이제부터 한 번씩 할 때마다 내가 200원을 줄게."

유세혁을 포함한 모든 아이들이 깜짝 놀랐다. 할 때마다 돈을 내기는커녕 되레 돈을 받을 거라고는 상상도 하지 못했다. 민준이도 나우주가 한 말이 잘 믿기지 않았다.

"진짜? 네가 돈을 준다고? 우리가 할 때마다?"

어안이 벙벙해진 유세혁이 나우주에게 다시 확인했다. 처음 한 번 해 보느라 500원이 들었지만 지금부터 다섯 번을 더하면 1,000원을 받는다는 얘기였다. 결과적으로 500원을 버는 셈이었다. 아이들이 보기에 이보다 더 좋은 거래를 상상하기란 쉽지 않았다.

"응. 한 번에 200원씩 줄 거야. 다섯 번 하면 너희한테 1,000원이 생기는 거지. 약속할게."

나우주는 자신 있게 대답했다. 나우주의 얼굴에서 불안한 기색은 보이지 않았다. 아이들은 나우주의 자신감에 사기도 모르게 물이 들었다. 누군가의 강한 확신은 주변에 전파되기 마련이었다.

나우주의 자신감은 허공에 붕 떠 있는 게 아니었다. 그럴 만한 근거가 있었다. 나우주의 엄마는 나우주에게 일을 시키면서 한 건 당 1,000원씩 준다고 약속했다. 그러니까 아이들에게 200원씩 줘도 자기에게는 800원씩 남았다. 게다가 혼자 할 때보다 전체 횟수가 늘어나니 수고는 덜 하면서 자기가 버는 돈은 외려 늘어날 터였다.

갑자기 나우주에게 기발한 생각이 떠올랐다.

"너희들, 아예 나랑 같이 온라인 모임 비즈니스 해 볼래? 울 엄마한테 들었는데 초등학생이 참가하는 창업 캠프가 이번 겨울에 있대. 거길 같이 나가는 거야."

민준이는 창업이란 말이 낯설게 들리지 않았다. 그건 몇 달 전 여름방학 때 외삼촌이 운영했던 가상경제학교를 다니면서 겪었던 온갖 일들 중 하나였다. 즉 나름 안다고 자부할 만한 경험이 민준이에게 있었다. 그런데 온라인 모임 비즈니스라는 말은 영 낯설게 들렸다. 민준이는 나우주에게 슬그머니 물었다.

"온라인 모임 비즈니스는 뭐야?"

"아, 사람들을 인터넷에서 많이 모으는 일이야."

"그런 것도 비즈니스야?"

"물론이지. 온라인 모임을 크게 키우는 일은 비즈니스 중에서도 큰 비즈니스야."

아이들의 반응은 미지근했다. 아이들은 몇백 원의 돈이 생긴다는 것 이상의 일은 생각해 본 적이 없었다. 나우주는 조금 더 설명할 필요를 느꼈다.

"비즈니스를 새로 시작하는 걸 창업이라고 하잖아. 창업을 또 뭐라고 부르는지 알아? 모험사업이라고 해, 모험사업. 그러니까 창업은 일종의 모험인 거야. 신나고 재미있고 또 스릴 넘치는 일인 거지. 온라인 게임에서 파티를 맺고 몬스터 사냥에 나서는 것과 별로 다를 게 없어."

나우주의 추가 설명은 확실히 효과가 있었다. 아이들은 모험이라는 말에 발그레 들떴다. 뭔가 쿨하고 근사한 일이 자기들을 기다리고 있을 것 같았기 때문이었다. 기대감이 반, 불안감이 반이었던 민준이도 아이들에게 휩쓸려 창업 캠프 참가를 약속했다. 모두가 한다고 하는데 혼자서 안 한다고 하기란 쉽지 않은 일이었다.

3장

같이 일할 동료들을 어떻게 모을까?

결성 스타트업에서 좋은 팀을 꾸리는 방법은?

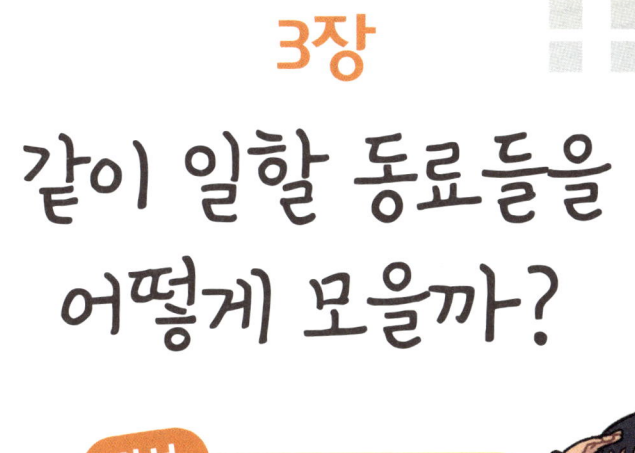

"민준아, 여기야, 여기."

저쪽에서 유세혁이 민준이를 보고 손을 흔들며 불렀다. 민준이는 유세혁과 다른 아이들이 모여 있는 곳으로 빠르게 걸어갔다.

"다 온 거야?"

"응, 올 사람은 다 왔어. 이제 들어가면 돼."

민준이는 아이들을 둘러보았다. 구수호가 보이지 않았다.

"수호는?"

"구수호는 오늘 못 온다고 문자가 왔어. 축구 레슨을 빠질 수 없다는데."

민준이와 아이들은 오늘 창업 캠프 오리엔테이션에 참석할 예정이었다. 창업 캠프의 첫 번째 행사인 오리엔테이션은 캠프가 어떻게 진행될지를 설명하는 자리였다. 이번 창업 캠프에 관심이 있는 학생들은 모두 오리엔테이션에 왔다.

캠프에 대한 기본적인 안내가 이루어진 뒤에 특강이 이어졌다. 스타트업에서 일했던 경험이 있는 특강 강사는 지금은 큰 회사에서 인사 업무를 담당하는 사람이었다. 인사란 회사에서 새로운 사람을 뽑고 그 사람에게 적절한 역할을 맡기는 일을 가리켰다.

"여러분, 안녕하세요. 오늘 창업 캠프 오리엔테이션에서 '창업 팀을 어떻게 꾸리면 좋을까'라는 주제로 특강을 하게 된 심나연이라고 해요. 저는 이번 특강을 혼잣말이 아닌 여러분과 주고받는 대화로 만들고 싶어요. 저 혼자 떠드는 게 아닌, 여러분이 궁금해할 수 있는 부분을 놓고 직접 얘기하는 기회로 삼으려는 거지요. 그러니까 제 강의 중간에 물어보고 싶은 게 있으면 언제든지 손을 들고 질문해 주세요."

민준이는 심나연 강사의 인사말이 마음에 들었다. 비록 가상 경제학교에서 가게를 직접 해 본 경험이 있다 하더라도 친구들과 같이 창업하는 건 익숙지 않은 별개의 일이었다. 심나연 강사는 강의를 본격적으로 시작했다.

"여러분이 여기 캠프에서 배우고 경험하고 싶은 게 궁극적으로 뭔지 먼저 한번 물어볼까요?"

잠깐의 고요가 흘렀다. 그 시간은 길지 않았다. 여기저기서 대답이 터져 나왔다.

"창업이요."

"스타트업을 차리는 거요."

"비즈니스를 하는 방법이요."

심나연 강사는 모두의 말이 맞다는 제스처를 취했다. 튀고 싶은 한 아이가 뒤쪽에서 큰 소리로 말했다.

"큰 돈을 버는 비결이요."

아이들은 와하고 웃었다. 그런 생각을 한 아이들이 없지는 않았다. 대다수 아이들은 돈이 많으면 좋다고 생각했다. 하지만 그걸 입 밖에 내는 건 왠지 꺼려졌다. 그러한 꺼려짐은 결코 드문 감정이 아니었다. 꺼리는 마음은 아이들 대부분에게 있었다.

아이들의 꺼리는 마음에는 여러 이유가 있었다. 우선 어른들은 아이들이 돈 얘기를 드러내놓고 하는 걸 좋아하지 않았다. 멋모르고 그런 얘기를 했다가 엄마 아빠에게 혼난 경험이 있는 아이들이 적지 않았다. 희한하게도 어른들 자신은 돈이 전부인 것처럼 말하고 행동하곤 했다.

그렇지만 그게 이유의 전부는 아니었다. 아이들은 본능적으로 돈말고 다른 중요한 것들이 있다는 사실을 잘 알았다. 어찌 보면 입학시험에 목매게 만드는 승자 독식의 사회 체제가 아이들의 그런 슬기를 무디게 만드는 주범이었다. 돈이 전부인 양 말하는 어른들조차도 어릴 적의 슬기를 완전히 잃은 건 아니었다. 적어도 자기 자식들에게는 돈 이외의 것들이 삶에서 중요함을 일깨우려 애쓰곤 했다.

심나연 강사는 아이들 대답을 모두 뭉뚱그려 답했다.

"맞아요, 여기는 창업 캠프잖아요. 여러분은 스타트업을 만드는 창업에 관심이 있어서 여기에 왔겠죠. 스타트업은 갓 생긴 작은 회사예요. 새싹기업이라는 예쁜 말도 있지요. 회사니까 당연히 비즈니스를 하겠죠. 비즈니스를 하다 보면 큰 돈을 벌 수도 있어요."

심나연 강사의 설명에 아이들의 눈은 반짝였다. 아이들의 초롱초롱한 눈을 접한 심나연 강사는 불현듯 스타트업을 했던 때가 떠올랐다. 즐거움과 괴로움이 겹쳐진 기억이었다. 심나연 강사는 잠시 숨을 고른 후 이야기를 계속했다.

"하지만 그게 100퍼센트 확실한 건 아니에요. 잘 안 돼서 문을 닫는 스타트업도 사실 많거든요. 어떤 결과가 나올지 미리 알 수 없기 때문에 스타트업을 가리켜 예전에는 벤처라고 불렀어요. 벤처가 무슨 뜻인지, 여러분, 알아요?"

아이들은 서로를 돌아봤다. 확실한 답을 알고 있는 아이는 없었다. 왼쪽 중간에 있던 아이 하나가 용기를 냈다.

"벤처는 잘 모르지만 어드벤처란 말은 들어봤어요. 놀이기구를 탈 수 있는 테마파크 같은 데서 쓰는 말이잖아요."

한번 말길이 트이자 아이들은 생각나는 대로 말로 옮겼다.

"맞다, 롯데월드 어드벤처가 있었지?"

"트램펄린 타고 노는 바운스라는 데서도 그 말 썼던 거 같아."

심나연 강사는 아이들의 틀에 갇히지 않은 모습이 보기에 좋았다.

"너희들, 지금 옳은 이야기를 했어요. 여러분이 방금 했던 것처럼 틀릴 것을 두려워하지 말고 완벽하지 않더라도 관계가 있을 것 같은 걸 꺼내고 시도하는 건 창업에서 너무나 중요한 일이에요. 실제로 벤처와 어드벤처는 기의 같은 말이에요. 어드벤처를 우리말로 뭐라고 하나요?"

심나연 강사의 칭찬에 아이들은 긍정의 에너지로 달아올랐다. 마음이 열린 아이들은 거리낌없이 자기 생각을 밝혔다.

"모험인 거 같아요."

"모험, 맞네. 신나는 모험."

"꿈의 나라 모험의 세계, 여기는 롯데월드."

급기야 놀이공원 주제곡까지 등장했다. 아이들은 무서우면서도 재미있었던 놀이기구를 탔던 기억을 떠올리며 즐거워했다. 심나연 강사는 놀이기구의 이미지로써 벤처를 설명해도 괜찮겠다고 마음속으로 정했다.

"그래요, 어드벤처의 뜻은 바로 여러분이 이야기한 대로 '모험'이에요. 마찬가지로 벤처도 모험이지요. 영어의 벤처는 라틴어 벤투라에서 나온 말이에요. 벤투라에는 여러 가지 뜻이 있는데, '닥쳐올 것들' 혹은 '미래'라는 기본적인 뜻을 비롯해 '운명, 기회, 우연, 운' 같은 의미도 지녔어요."

민준이와 친구들은 자기들끼리 아는 척을 했다. 나우주가 했던 말을 심나연 강사가 거의 그대로 반복하니 신기하기만 했다. 아이들은 계속되는 심나연 강사의 이야기에 깊이 빠져들었다.

"달리 말하면 모험, 즉 벤처는 확정되지 않은 미래의 일인 거예요. 모험이 모험인 이유는 뭐가 우리에게 다가올지 우리가 미리 알 수 없기 때문이지요. 롤러코스터를 탔을 때처럼 심장이 두근대고 아슬아슬한 일도 있지만 하늘을 나는 것 같은 때도 있고요. 벤처는 그런 거예요."

아이들은 스펀지가 물을 빨아들이듯 심나연 강사의 설명을 머릿속으로 거두어들였다. 심나연 강사는 이제 오늘 특강의 진짜 주제를 다룰 때가 왔다고 느꼈다.

"그러면 이제 오늘 특강의 주제를 이야기해 볼까요? 특강 주제가 '창업팀을 어떻게 꾸리면 좋을까'였잖아요. 여러분 생각에 스타트업은 혼자서 만드는 걸까요, 아니면 여럿이 같이 만드는 걸까요?"

심나연 강사의 말이 끝나기가 무섭게 나우주가 손을 치켜들었다. 민준이와 친구들은 나우주가 무슨 말을 할지를 관심을 갖고 쳐다보았다.

"그거야 당연히 혼자서 만드는 거지요. 회사에는 사장이 있으니까요. 사장이 무슨 비즈니스를 할지를 정하고 또 직원도 뽑고 하잖아요."

심나연 강사는 그럴 줄 알았다는 목소리로 말했다.

"그래요, 그런 스타트업도 있기는 해요. 하지만 방금 이야기한 방식은 사실 스타트업보다는 자영업에 더 걸맞아요. 식당이나 빵집, 치킨집, 상점 같은 곳은 그런 식으로 운영되지요."

민준이는 가상경제학교에서 직접 가게를 열었던 기억이 떠올랐다. 심나연 강사는 말을 이어 갔다.

"스타트업은 보통 한 명이 아닌 여러 명이 같이 만들어요. 혼자 힘으로 하는 게 아니라 여럿이 힘을 합쳐 하는 게 스타트업이라는 얘기인 거지요. 그래서 그 여러 명을 가리켜 공동창업자라고 불러요. 공동으로 함께 창업했다는 뜻인 거예요."

오른쪽 끝에 앉은 한 아이가 손을 들고 질문했다.

"그러면 회사의 중요한 결정은 누가 내리나요? 사장이 여러 명이면 복잡할 것 같은데요."

심나연 강사는 아이의 질문이 익숙했다. 그만큼 어떤 대답을 해야 좋을지도 잘 알았다.

"아, 스타트업도 사장은 대개 한 명이에요. 대신 회사의 모든 결정을 사장 혼자서 내리지는 않아요. 일의 종류에 따라 사장이 아닌 다른 공동창업자가 결정권을 가지고 있는 경우도 많죠. 중요한 건 공동창업한 스타트업은 사장 혼자의 것이 아니라는 점이에요. 아까도 이야기했지만 사장이 모든 걸 갖고 결정하는 스타트업이 없는 건 아니지만 그런 스타트업은 말하자면 동네 구멍가게와 크게 다르지 않죠."

조금 전에 질문했던 아이는 다시 손을 들었다. 뭔가 할 말이 단단히 있는 듯 보였다.

"회사는 군대랑 비슷한 거라고 들었어요. 대장이 명령을 내리면 부하는 무조건 명령을 따라야 하는데 그렇지 못한 군대는 당나라 군대 같아서 전쟁에서 이길 수 없다고요. 비즈니스도 회사들 간에 벌이는 전쟁인데 회사가 군대 같지 않으면 경쟁에서 이길 수 없을 것 같아요."

심나연 강사는 속으로 '제법인데' 하고 생각했다. 그렇지만 하나는 알아도 둘은 모르는 소리였다. 심나연 강사는 원래 할 계획이 없던 얘기를 하기로 마음먹었다.

"방금 한 얘기에서 한 가지를 먼저 칭찬해 주고 싶어요. 바로 회사와 군대가 비슷하다는 점이에요."

느닷없는 칭찬에 질문했던 아이는 어깨를 으쓱하며 우쭐해했다.

"회사와 군대에 비슷한 부분이 있다는 건 틀린 말은 아니에요. 회사를 뜻하는 영어 단어가 컴퍼니인데 이 말이 만들어진 이유가 재미있어요. 예전에 돈 받고 전쟁을 해 주는 사람들이 있었어요. 쉽게 말해 돈으로 고용된 용병인 거죠. 이들은 직업이 전쟁이라 늘 전쟁터에서 지냈어요. 용병들은 서로를 전쟁터에서 같이 빵을 먹는 특별한 사이로 여겼어요. 컴퍼니를 글자 그대로 옮기면 '빵을 같이 먹는'으로 옮길 수 있거든요. 용병 부대는 돈만을 위해 싸우는 존재였어요. 더 많은 돈을 받으면 언제든지 원래 고

용한 곳을 배신하곤 했죠. 예전의 회사들도 오직 돈만을 위해 사업을 했다는 공통점이 있었고요."

질문했던 아이의 얼굴에 당황한 표정이 또렷하게 드러났다. 심나연 강사는 못 본 척하며 설명을 계속했다.

"그런데 대장이 명령하는 대로 따른다고 해서 전쟁에서 꼭 이기나 하면 그렇지도 않거든요. 예를 들어, 임진왜란 때 원균의 명령을 따르지 않아서 칠천량해전에서 조선 수군이 거의 전멸당한 게 아니잖아요. 오히려 정반대로 원균의 명령을 고대로 따랐기 때문에 그랬던 거지요."

남자 아이들은 전쟁 이야기에 귀를 쫑긋 세웠다. 이 정도면 이제 충분하다고 생각한 심나연 강사는 원래 하려던 이야기로 옮겨갔다.

"그래서 창업팀을 만든다고 할 때 어떻게 팀을 짜면 좋을까요?"

전쟁 이야기에 신이 난 한 아이가 큰 소리로 말했다.

"저는요, 이순신 장군 같은 사람들만 뽑아서 팀을 만들 거예요."

곧바로 옆자리의 친구가 짓궂게 장난을 걸었다

"아무리 그래도 네가 원균이면 아무 소용이 없잖아."

남자 아이들은 낄낄댔다. 따라 웃음을 짓긴 했지만 심나연 강사에게는 더 중요한 말이 있었다.

"저라면 이순신 장군 같은 사람들로만 창업팀을 꾸리진 않을 것 같아요. 왜냐하면 팀의 힘은 팀을 이루는 사람들이 가진 각각의 역량을 합해 놓은 데서 나오거든요. 그러니까 아무리 이순신 장군이 뛰어난 군인이라고 해도 그런 사람만 팀에 있으면 그 팀은 이순신 장군 한 명만 있는 것과 다르지 않게 되는 거지요. 고유한 역량을 가진 다양한 사람으로 구성된 창업팀이 보다 이상적인 이유예요. 그게 바로 다양성 보너스라는 거예요."

민준이는 퍼뜩 심나연 강사의 설명이 이해되었다. 온라인 게임을 할 때도 한 종류의 챔피언으로만 편을 짜는 것보다는 서로 보완이 되는 다양한 챔피언으로 편을 짜는 쪽이 더 나았다. 심나연 강사는 아이들의 몰입한 눈망울을 느끼며 뭐라도 하나 자기가 아는 걸 더 이야기해 주고 싶었다.

"너희들, 혹시 비즈니스가 왜 비즈니스인지 알까요?"

아이들은 갑작스런 화제 바뀜에 말하는 리듬을 잃었다. 심나연 강사는 장난꾸러기 같은 표정으로 덧붙였다.

"이거 약간 난센스 퀴즈 같은 거예요."

심나연 강사가 새로운 길을 열어주자 아이들은 곧바로 예의 활발함을 되찾았다.

"아, 뭐지?"

"뭘까? 뭘까?"

아이들은 쉽사리 실마리를 찾지 못했다. 그때 앞줄에 앉아 있던 한 아이가 손을 들고 말을 했다.

"선생님, 혹시 비즈니스가 바쁘다는 뜻의 영어 비지와 관련이 있나요?"

아이들은 왁자하게 웃었다. 이야말로 난센스 퀴즈다운 대답이었다. 아이들은 웃자고 한 말이라고 생각했다. 아이들의 기대가 무색하게도 심나연 강사는 기뻐하며 말했다.

"오, 맞혔어요. 바로 그거예요. 비즈니스는 비지에서 나온 말이에요. 비지의 명사가 비지니스인데 거기서 철자 하나가 바뀌어서 비즈니스가 됐어요. 회사의 일이 많고 그래서 바쁘다는 뜻인 거지요. 여러분도 여기 캠프에서 창업을 하고 나면 앞으로 많이 바빠질 거예요. 기대해도 좋아요."

아이들은 부러운 표정으로 퀴즈를 맞힌 아이를 쳐다보았다. 굉장히 똑 부러지고 예쁜 아이였다. 입을 다물고 뭔가를 생각하고 있을 때는 냉정하고 쌀쌀맞은 얼음 공주처럼 느껴질 때도 있었다. 하지만 퀴즈를 맞혔다고 잘난 척하는 모습은 아니었다. 옆자리의 친구들과 이야기를 할 때는 환하고 따뜻한 표정이 얼굴에 흘러넘쳤다.

민준이는 혼자서 머리를 긁었다. 퀴즈를 맞힌 아이를 어디선가 만난 적이 있는 것처럼 느껴지는 데자뷰, 즉 기시감 때문이었다.

4장
어떤 것을 해야 잘 될 수 있을까?

기획

창업 아이템은 어떻게 정해야 할까?

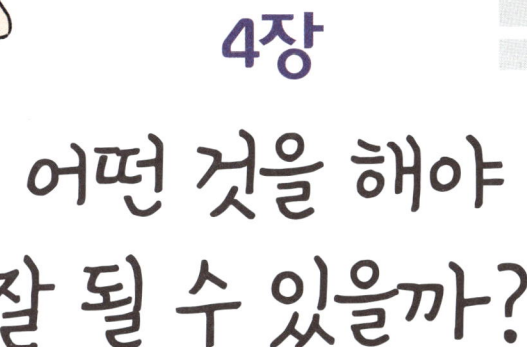

보내기	
받는 사람	<archimedes.of.korea@gmail.com>
날 짜	12월 17일 (토) 오후 9:58
제 목	제 멘토이신 홍길동님께

 누군지 잘 모르는 분께 이메일을 쓰려고 하니 이상한 기분이 드네요. 사실 저에게는 이메일을 쓰는 일 자체가 어색합니다. 제 친구들과는 문자나 카톡 혹은 전화를 하지 이메일을 쓸 일은 별로 없으니까요. 그러니 제 이메일이 흠투성이라고 하더라도 너그러이 읽어 주시면 좋겠습니다.

 오늘 진시연 선생님께 이야기를 들었습니다. 제가 창업 캠프에 들어올 수 있도록 추천해 주신 분이 아저씨라는 것을요. 교육지원청에서 아저씨 의견을 듣고는 저를 포함한 영재원 친구들을 골랐다고 하더라구요. 또 창업 캠프 기간 동안에 제 멘토가 되어 주시기로 하셨다는 얘기도 들었습니다. 진시연 선생님은 아저씨가 엄청 대단한 분이시니 존경의 마음으로 많이 배우라고 하셨어요.

하지만 누군지 알 수도 없는 분께 어떻게 제대로 배울 수 있을까요? 다른 아이들은 모두 멘토와 직접 만나서 비즈니스를 배우는데 저만 이렇게 이메일로 멘토님을 만날 뿐이니까요. 그것도 창업 캠프에서 벌어지는 일을 저만 적어 보내고 아저씨는 꼭 그래야 할 이유가 생기지 않는다면 답신을 보내지 않으실 거라고 들었어요. 이런 상태로 제가 어떻게 멘토님께 많이 배울 수 있는지 궁금하기만 합니다.

더군다나 자신을 '곰 같은 홍길동'이라고 불러 달라는 분에게 어떻게 커다란 존경심이 들겠어요? 왜 진지하게 들릴 이름을 고르지 않으셨을까요? 꼭 제가 '노란색 빛을 내는 신호등님'이나 '부르는 거 빼고 다 아는 인공지능님'에게 이메일을 쓰는 것만 같습니다. 저라면 제 또래의 아이들이 좋아하는 아이돌의 이름을 가명으로 썼을 것 같아요. 그러면 제가 좀 더 진심을 담아 이메일을 쓰기기 쉬울 테니까요.

오늘 하루 종일 아저씨에 대해 많이 생각해 보았습니다. 그렇지만 아무리 애를 써도 아저씨에 대한 제 상상력이 하늘로 날아오르지 못하고 곧장 땅으로 피시식 떨어질 뿐이라는 걸 말씀드리고 싶어요. 왜냐하면 다음 세 가지가 아저씨에 대해 제가 아는 전부라서요.

아저씨는 창업과 비즈니스를 잘 안다.
아저씨는 자신을 드러내고 싶어 하지 않는다.
아저씨는 곰 같다.

아저씨를 '비즈니스를 잘 아는 분'이라고 불러야 하나 생각했는데, 그건 아저씨와 저의 관계를 너무 비즈니스적으로 만들 거 같았습니다. '은둔형 아저씨'라고 부를까도 싶었지만 그건 아저씨를 욕되게 하는 일이겠지요. 마치 아저씨의 가장 중요한 특징이 사람 만나기를 꺼리는 까칠한 성격을 가졌디고 말히는 것 같으니까요.
하지만 아저씨가 곰 같다는 사실은 틀림이 없겠죠! 스스로를 그렇게 불러달라고 했으니까요.
저는 곰이라는 말을 들으면 제일 먼저 '위니 더 푸'가 생각이 나요. 푸는 푸근한 곰입니다. 티거와 피글렛의 좋은 친구지요. 어렸을 때 제가 피글렛이라고 상상하면서 푸와 인형 놀이를 많이 했거든요. 그런데 얼마 전에 조그만 핑크색 돼지인 피글렛이 여자가 아니라 남자라는 얘기를 듣고 깜짝 놀랐답니다. 아저씨는 알고 계셨나요?

  그래서 저는 아저씨를 홍길동 멘토님 대신 곰과 관련한 이름으로 부르려고 합니다. '곰 같은 아저씨'라고 부를까도 생각해 봤지만 둔한 곰이 생각나서 그만두었구요. '곰돌이 아저씨'나 '푸 아저씨'도 생각해봤는데 그건 너무 평범한 것 같았습니다. 제가 정한 아저씨 애칭은 '곰아지 아저씨'입니다. 제 맘대로 정한 아저씨 애칭을 아저씨도 좋아하시면 좋겠어요.

  밖에서 엄마가 이제 불 끄고 자라고 하네요. 초등학생은 밤 열 시에는 자야 한다고 생각하시거든요. 저도 빨리 어른이 돼서 엄마처럼 늦게까지 텔레비전을 보고 싶답니다.

  아, 엄마 목소리가 높아졌어요! 안녕히 주무세요.

존경하는 마음을 담아
한서연 올림

12월 24일, 서연이는 친구들을 만났다. 크리스마스 이브긴 했지만 놀려고 만난 건 아니었다. 토요일인 오늘도 창업 캠프 수업이 있었다. 날이 날인지라 뭘 해도 저절로 들뜨는 공기가 온 곳에 가득했다. 그런 만큼 '오늘 같은 날까지 수업을 하냐?'는 불만도 아이들 사이에 없지 않았다.

오늘 캠프에서 배울 주제는 '무슨 비즈니스를 하면 좋을까'였다. 단순히 배우는 걸로 그치지 않고 각 팀은 일주일 안으로 구체적인 자신들의 사업 기획을 캠프에 내야 했다. 그 말은 기획안을 빨리 끝내지 못하면 1년의 마지막 날인 12월 31일까지도 일을 하게 될 수도 있다는 의미였다. 그러한 일정이 안내되자 불평이 여기저기서 터져 나왔다.

"아, 너무해요."

"저는 그날 집에서 어디 놀러 가기로 되어 있는데요."

강사는 차분한 표정으로 말했다.

"꼭 12월 31일에 내야 된다는 뜻은 아니에요. 빨리 끝낼 팀은 그 전이라도 언제든지 이메일로 제출할 수 있어요. 그리고 다른 뜻도 있는데, 비즈니스는 사실 쉬는 날이라는 게 없어요. 비즈니스를 하는 사람들은 공휴일에도 보통은 어떻게 하면 비즈니스를 더 잘할 수 있을까를 고민하며 보내죠. 여러분도 그런 걸 한번 느껴 보면 좋을 것 같아요."

황이서가 같은 원형 탁자에 앉아 있는 친구들을 보며 소곤댔다.

"우리, 뭘 할지 오늘 빨리 정해 버리면 어때? 나도 마지막 날 엄마 아빠랑 동해안으로 해돋이 보러 갈 계획이라서."

연말에 계획이 있는 건 다른 친구들도 마찬가지였다. 아이들은 모두 빨리 무슨 비즈니스를 할지 정하자고 했다. 황이서의 소곤거림을 들었는지 강사는 말을 덧붙였다.

"여러분이 기획을 할 때 처음부터 너무 완벽하게 하려고 애쓸 필요는 없어요. 실제로 많은 성공한 스타트업들은 계속해서 자신들의 비즈니스를 바꿔 나가죠. 완벽한 기획은 처음부터 있기보다는 반복적인 시행착오로써 찾아 나가는 거예요."

서연이는 강사의 설명을 곱씹었다. 실제로 창업 캠프에서 배우는 내용은 학교나 학원에서 배우는 것과는 전혀 딴판이었다. 무엇보다도 학교와 학원에서 가르치는 건 딱 정답이 있었다. 서연이가 수학을 좋아하는 이유가 그거였다. 음악을 좋아하는 이유도 비슷했다. 가령, 솔과 도는 함께 소리가 나면 서로 어울리지만 레와 도는 들어 보면 그렇지 않았다. 왜냐하면 완벽한 솔과 도는 주파수가 3:2로 정수비를 이루지만 레와 도는 정수비가 아니기 때문이었다.

반대로 창업 캠프에서 배우는 비즈니스는 정답이 하나가 아니었다. 누구랑 같이 할지, 무엇을 할지, 또 어떻게 해야 할지 아무것도 정해진 건 없었다. 서연이는 예전엔 그런 불확실한 게 왠지 불안하고 스트레스였다. 최근엔 어쩌면 그게 비즈니스의 진짜 재미가 아닐까 생각하기 시작했다. 서연이는 그게 마치 빈 오선지에 음표를 채워 나가듯 자기만의 새로운 곡을 만드는 거랑 비슷하다고 생각했다.

서연이가 먼저 자기 생각을 말했다.

"난 우리가 잘 아는 걸 해야 될 것 같아. 그래야 잘할 수 있을 테니까. 남들보다 아는 게 없는 비즈니스가 잘 될 리 없지 않겠어?"

서연이는 친구들이 당연히 자기 생각을 좋다고 할 줄 알았다. 서연이의 기대는 처음부터 무너졌다.

"그렇지만 아무리 우리가 잘 알아도 이미 경쟁자가 많으면 곤란하지 않겠어? 난 남들이 하지 않는 걸 해야 잘 될 것 같아. 그게 바로 '푸른 대양' 전략이라는 거야. 치열한 경쟁 때문에 벌겋게 물든 '붉은 대양'에 그물을 던지기보다는 아무도 없는 푸른 대양에서 물고기를 잡는 게 좋다는 거지. 이 전략은 한국인 경영학 교수 중 전 세계에서 가장 유명한 분이 만든 거래."

강지유는 예의 자신감 있는 목소리로 길게 설명했다. 원유주도 다른 할 말이 있었다.

"얘들아, 우리가 하는 게 비즈니스잖아. 그럼 당연히 가장 돈을 많이 벌 것 같은 걸 해야 되지 않니? 회사가 돈을 잘 벌지 못하면 월급도 받기 어렵다구. 예전에 포도 주스와 성이 같은 웰치라는 회장이 1등이나 2등이 아닌 사업은 과감히 중단하게 해서 오히려 큰 돈을 벌었대."

아이들의 이야기를 가만히 듣고 있던 황이서도 자기만의 생각이 있었다.

"나는, 우리가 좋아하는 걸 하는 게 좋다고 생각해. 좋아하지도 않는 일을 하면서 소중한 시간을 쓸 이유가 뭐야?"

아이들은 그 뒤로도 각자 비슷한 얘기를 반복했다. 얘기는 벽에 부딪히고 말았다. 넷의 의견이 도통 하나로 모일 것 같지는 않았다. 결국 서연이네 팀은 그날 아무런 결과를 내놓지 못했다.

보내기		
날 짜	월요일	☒
제 목	곰아지 아저씨께	☒

그제가 크리스마스 이브였고 어제가 바로 성탄절이었잖아요. 아기 예수님의 생일날 서로 사랑하지 않고 자기 고집만 피우면 나쁜 아이거든요. 곰돌이 푸도 이렇게 말했답니다.

"사랑은 많이 양보하는 거야. 그래야 네가 사랑하는 사람을 행복하게 만들 수 있거든."

제가 왜 이런 말을 하는지 아저씨는 몹시 궁금하시겠죠? 어떤 일이 있었는지 다 말씀 드릴게요.

그저께 창업 캠프 수업이 있었어요. 저희 팀이 어떤 비즈니스를 할지를 일주일 안에 정해야 하는데 아이들의 의견이 서로 너무 달라서 깜짝 놀랐어요. 도무지 하나로 모을 방법이 없었답니다. 그날 저는 밤늦게까지 어쩌면 좋을지를 계속 생각해 봤어요. 보통 때 같았으면 엄마가 10시에 자라고 했겠지만 그날은 크리스마스 이브라고 봐주셨거든요.

그러다 시계를 보니 어느새 밤 12시가 지나 있는 거예요. 발레 '호두까기 인형'에서 쥐들이 등장할 시간이잖아요. 깨어난 호두까기 인형이 생강빵 병사와 장난감 병정을 지휘해 막으려 하지만 패할 위기에 몰립니다. 호두까기 인형도 쥐왕과 대결하다 다치게 되고요. 바로 그때 주인공 클라라가 신고 있던 슬리퍼를 쥐왕에게 던져 쥐 군대를 물리치고 말아요.

그 순간 저에게 무슨 생각이 떠올랐는지 아세요? 저희 넷의 기준 중 하나를 억지로 고를 필요가 없다는 거예요. 몰랐었는데 저한테 위대한 창업자가 될 소질이 있나 봐요!

모두 자기 생각이 있는데 쉽게 다른 친구의 생각에 따르고 싶지는 않잖아요. 그렇지만 친구들이 얘기한 기준도 다시 생각해 보니 무시할 건 아니더라구요. 강지유가 말한 대로 경쟁이 적은 걸 해서 안 좋을 이유가 없고, 원유주의 생각처럼 돈도 많이 벌면 좋지요. 또 황이서가 얘기한 것 같이 하는 일이 좋아하는 일이면 얼마나 좋겠어요? 그와 반대로 하는 일이 할수록 힘이 빠지는 일이라면 그거야말로 슬픈 일이지요.

그래서 저희 네 명의 기준을 모두 만족하는 걸 찾아야겠다고 결심했어요. 한 가지 기준으로 찾는 것보다 어렵기야 하겠지만 불가능은 아닐 거라고 생각했어요. 다음 날, 그러니까 어제, 이 아이들에게 연락을 했어요. 갑자기 모이기 쉽지 않으니 컴퓨터로 얼굴 보면서 상의하자고요. 모두 좋다고 해 제가 연 화상 회의

방에 모였습니다.

다들 그저께의 의견 충돌에 조금씩 미안한 마음이 있었나 봐요. 강지유가 먼저 이야기를 꺼내더라구요. 너무 자기 생각만 고집한 것 같아 미안했다고요. 원유주와 황이서도 마찬가지였어요. 저도 물론 비슷한 이야기를 했지요.

제가 네 가지 기준을 모두 만족하는 비즈니스를 찾자는 얘기를 꺼내자 무슨 일이 벌어졌을 것 같으세요? 이번에도 저는 친구들이 듣자마자 좋다고 할 줄 알았거든요. 그런데 그렇지 않았답니다. 친구들은 그러면 좋겠지만 그런 게 진짜 있겠냐고 주저하는 반응이었어요. 그래서 그게 가능하다는 걸 친구들에게 보여 줘야 했습니다.

저는 속으로 생각해 보았습니다. 저희 아빠가 늘 얘기하셨던 "겉으로 보이지 않는 걸 찾아야 진짜 답을 찾을 수 있다"는 말대로요. 그러다 제가 좋아하는 퀴즈 하나가 생각이 났어요. 아저씨도 한번 풀어 보시겠어요?

남쪽으로 10킬로미터를 간 후 서쪽으로 다시 10킬로미터를 갑니다. 그런 후 다시 북쪽으로 10킬로미터를 갔더니 원래 출발했던 지점으로 돌아왔습니다. 이게 어떻게 가능할까요?

종이에 그려 보면 아무리 해도 그렇게 안 되거든요. 출발 지점의 서쪽 10킬로미터 위치에 올 뿐입니다. 남쪽으로 10킬로미터 갔다가 북쪽으로 10킬로미터 되돌아 갔으니 남북으로는 원래 위치가 맞습니다. 하지만 동서로는 서쪽으로만 10킬로미터를 갔으니까 원래 위치가 될 수 없잖아요.

이 문제의 해답은 종이를 벗어나는 데 있습니다. '평평한 땅'이라면 제자리로 돌아올 수가 없어요. 그걸 뒤집는 건 '평평한 땅이 아니라면?'이 되겠지요. 사실 지구는 평평하지 않고 둥글잖아요. 북극점에서 출발하면 실제로 저런 일이 가능해집니다.

제가 갑자기 퀴즈를 떠올린 건 네 가지 기준이 동서남북의 네 방향과 같다고 느꼈기 때문이에요. 평평한 땅이라면 동시에 네 방향으로 갈 방법이 없으니까요. 동쪽으로 가지만 서쪽으로도 가고 또 동시에 남쪽과 북쪽으로도 갈 수 있는 길이 뭘까를 생각해 본 거지요. 제가 찾아낸 길은 땅 위에 있지 말고 하늘로 날아 오르는 거였답니다.

땅으로부터 멀어지면 압력도 약해지면서 물체가 커질 수 있잖아요. 그러면 땅에서 보기에는 동서남북이 네 방향 모두로 간 것과 같겠죠. 그러니까 네 방향을 동시에 가는 방법은 바로 네 방향과 무관해 보이는 하늘 위로 가는 거예요. 그런데 친구들은 제 설명에 긴가민가하는 눈치였어요. 특히 황이서는 무슨 소린지 모르겠다고 하더라구요.

 지금까지의 이야기는 단지 그런 가능성을 수학으로 확인했을 뿐입니다. 훨씬 더 중요한 건 실제에서 그게 무엇인지 찾아내는 거지요. 하늘로 올라가는 게 뭘까 하고 생각해 보니 저는 친구들과 기획하는 단계에서 "왜?"라는 질문이 빠졌다는 걸 깨달았어요. 비즈니스도 사람이 하는 일인데 그러면 왜 하는지가 중요하지 않을까요? 세상을 더 좋은 곳으로 만들거나 혹은 세상의 문제를 해결하고 싶어서 비즈니스를 한다면 참 기쁠 것 같아요.

 그래서 저희가 하기로 한 비즈니스는, 짜잔! 간식 서비스랍니다. 제가 간식을 잘 알고, 황이서가 간식 만드는 걸 좋아하는데다, 경쟁자도 별로 없고, 또 좋아할 아이들이 많이 있을 것 같아서예요. 아저씨는 어떻게 생각하세요?

기쁨에 넘쳐 있는
한서연 올림

5장

서연이와 친구들의 회사 에코가 닻을 올리다

매출

회사가 걸음마를 걷기 시작했다는 증거는?

보내기	
날 짜	1월 5일 ✉
제 목	곰아지 아저씨께 ✉

　새해가 되었는데 아직 새해 인사를 못 드렸네요. 새해 복 많이 받으세요!

　지난 번 이메일에서 저희가 무슨 비즈니스를 하기로 했는지 말씀드렸죠? 오늘 서의는 직접 모여서 구체적으로 뭘 할지를 정했어요. 엉성한 부분도 많지만 이제 제법 회사 꼴을 갖추어 나가고 있답니다. 한 달 전만 해도 아무것도 없었는데 오늘 보니 너무 대견한 거예요!

　저희가 오늘 첫 번째로 한 일은 회사 이름을 정하는 거였습니다. 지난 번 창업 캠프 수업 때 법에서 정해 놓기를 저희가 세우는 회사가 사람과 거의 비슷한 존재가 된다고 배웠어요. 그 말이 처음에는 좀 이상하게 들렸거든요. '사람이 아닌데 사람 취급을 한다고?' 하는 의문이 생긴 거지요.

 그렇지만 강사님의 설명을 듣고는 '아하!' 하고 이해했어요. 예를 들어, 저는 쿠키를 구워 파는 비즈니스를 할 수 있잖아요. 쿠키를 만들 줄도 알고 그걸 다른 사람들에게 팔 줄도 아니까요. 제가 사람이라서 가능한 일이죠. 저희 옆집에 사는 우연이는 할 수가 없죠. 우연이는 덩치가 크고 엄청 착한 골든 리트리버거든요. 쿠키를 먹는 건 좋아하지만 만들 줄도, 팔 줄도 모르지요. 살아 있는 소중한 생명체지만 사람이 아니니까요.

 하지만 회사는 저처럼 쿠키 비즈니스를 할 수가 있답니다. 사람을 채용해 쿠키를 만들고 또 그렇게 만든 쿠키를 다른 사람이니 혹은 다른 회사에 파는 게 가능해요. 비즈니스를 하는 주체가 사람이 아닌 회사가 되는 거지요. 쿠키를 판 돈도 제 것이 아니라 회사의 것이고요.

 법에서 회사를 사람 취급한다는 건 다른 의미도 있습니다. 사람이 돈을 벌면 세금을 내야 하잖아요? 그래서 회사도 돈을 벌면 세금을 내야 한다고 해요. 또 사람이 죄를 지으면 처벌을 받듯이 회사도 처벌을 받는다네요.

 강사님은 회사가 사람과 다른 점도 이야기해 주셨어요. 사람은 한 명, 한 명이 다 똑같이 소중하고 그래서 국민의 대표를 뽑는 선거에서 투표권도 똑같이 한 표씩 가진다고요. 회사는 아무리 커도 투표권은 없지요. 왜냐하면 회사에 투표권을 주면 그 회사를 가진 사람이 결과적으로 여러 개의 투표권을 가지는 셈이 되니까요.

 그리고 회사는 아무리 잘못을 해도 감옥에 가둘 방법이 없대요. 세금도 사람보다는 회사가 덜 내게 돼 있다고 하고요. 그 외에도 강사님이 뭔가 많이 얘기하셨는데 어려워서 다 이해하지는 못 했어요.

 그래도 이것 한 가지는 확실히 기억에 남았습니다. 회사는 아바타랑 비슷한 거라는 설명이에요. 아바타가 제 뜻대로 움직이는 또 다른 몸 같은 거라는 건 아저씨도 아시죠? 제가 뭔가를 직접 해도 되지만 그러다 큰 위험에 빠질 수도 있잖아요. 그럴 때 아바타를 이용했다면 제가 입을 최대의 손실은 아바타를 잃는 게 되겠죠. 그런 일이 생기면 저는 또 새로운 아바타를 만들어 탐험을 계속할 수 있고요.

 아, 저희 회사 이름을 알려 드리려던 거였는데, 얘기가 딴 길로 새어 버렸네요. 회사를 사람 같이 대하려면 꼭 필요한 게 바로 이름이잖아요. 이름이 없는 사람이란 생각조차 할 수 없지요. 아기가 태어나면 엄마 아빠가 하는 첫 번째 일이 아기의 이름을 지어주는 일이니까요. 저희도 갓 생겨난 저희의 분신이자 아바타인 저희 회사에 먼저 이름을 지어주어야겠지요?

 저희 회사의 이름은 에코입니다. 제가 제안한 이름을 친구들이 모두 좋다고 해서 그렇게 정했어요! 지난 번 무슨 비즈니스를 할지를 정할 때는 의견이 너무 달라서 고생했는데 이번에는 너무 쉽게 다 좋다고 해서 조금은 멍했어요. 이러다 저희가 네 명의 발랄한 공동창업자가 아닌 한서연과 한서연의 복제인간 세 명이 되면 어떡하나 하는 걱정도 슬몃 들었답니다.

 사실 괜한 걱정일 수도 있어요. 제가 에코를 회사 이름으로 제안한 이유는 환경과 생태에 관심이 있기 때문이거든요. 저희가 파는 간식이 지구 환경을 해치지 않는 음식이 되도록 하고 싶었던 거지요.

 그런데 알고 보니 강지유가 에코에 좋다고 한 이유가 전혀 나른 거예요. 강지유는 메아리를 생각한 모양이더라구요! 친구처럼 맞장구쳐 주고 함께 해 주는 이름이라서 좋았대요. 수 양이서는 뭐라고 그랬는지 아세요? 에코가 자기가 좋아하는 옛날

걸그룹 이름이라나요. 이런 걸 동상이몽이라고 하겠지요? 어쨌거나 해피 엔딩이에요.

제 아바타의 이름을

아저씨께 알려 드리는 것을 영광으로 생각하는

한서연 올림

추신. 답메일을 바라면 안 된다고 진시연 선생님께 들었지만, 그래도 이거 하나만큼은 알고 싶어요. 아저씨는 키가 크세요, 아니면 조금만 크세요? 아저씨의 모습을 머릿속에서 그리는 건 비즈니스를 기획하는 것처럼 몹시 어렵네요. 창업과 비즈니스를 잘 알면서 자신을 안 드러내고 싶어 하지만, 한 소녀에겐 곰 같이 푸근한 아저씨는 어떻게 생기셨을까요? 정말로 궁금해요.

서연이는 친구들과 시간을 내어 만났다. 에코 때문이었다. 에코는 서연이의 아바타지만 동시에 친구들의 아바타기도 했다. 서연이와 친구들은 모두 에코의 공동창업자로서 각각 4분의 1

씩 에코의 지분을 가지고 있었다. 즉 서연이 혼자서는 에코의 4분의 1만 조종할 수 있었다. 에코를 제대로 움직이게 하려면 다른 친구들의 지분도 필요했다. 혼자만으로 에코를 제대로 조종할 수 없기는 다른 친구들도 마찬가지였다.

황이서가 먼저 말문을 뗐다.

"우리 회사가 이제 이름도 생겼잖아. 그다음으로 해야 할 일이 뭐야?"

원유주는 그 말이 나오기를 기다렸다는 듯 말했다.

"뭐긴 뭐겠어? 빨리 매출을 내야지."

서연이는 원유주가 말한 단어가 조금 낯설게 들렸다.

"방금 매출이라고 했어? 그게 무슨 뜻이야?"

"매출은, 우리가 버는 돈이야."

원유주는 짧게 대답했다. 듣고 있던 강지유가 얘기에 끼어들었다.

"간식을 판 돈인 거지?"

"맞아. 에코는 간식을 파는 비즈니스를 하기로 정했잖아. 그러니까 간식을 팔고 받은 돈이 에코의 매출인 거야."

간식을 판 돈이 매출이라는 원유주의 설명은 이해하기 어렵지 않았다. 아이들은 뭔가를 팔아 본 적은 없었지만 사 본 적은 당연히 많았다. 물건을 사려면 돈을 내야 한다는 사실은 아이들도 익숙했다. 그렇게 손님이 낸 돈이 에코의 매출이 되는 셈이었다.

"얘, 너희들 왜 매출이 중요한지 아니? 매출이 난다는 건 회사가 걸음마를 걷기 시작했다는 증거라서 그래. 달리 말해 매출이 없는 회사는 아직 걷지 못하고 겨우 배밀이나 하는 갓난아기 같은 거야."

원유주는 매출에 대해 하고 싶은 말이 많은 모양이었다. 아이들이 묻지 않은 질문까지 혼자 묻고 스스로 대답할 정도였다. 원유주의 말을 들은 아이들은 모두 고개를 끄덕였다. 회사란 모름지기 매출이 나야 한다는 말에 어깃장을 놓을 이유는 없었다. 아이들 사이에 잠시 조용함이 흘렀다.

서연이는 아까부터 하고 싶었던 얘기가 있었다.

"무슨 간식을 팔지를 먼저 정해야 하지 않을까?"

서연이의 말은 틀리지 않았다. 간식은 종류가 한두 가지가 아니었다. 그 모든 종류의 간식을 판다는 건 현실적으로 불가능한 일이었다. 황이서가 진즉부터 하고 싶었던 이야기를 마침내 꺼냈다.

"내가 샌드위치를 맛있게 만들 줄 아는데, 우리 샌드위치를 만들어 팔면 어때?"

아이들은 서로의 얼굴을 번갈아 보았다. 샌드위치를 팔자는 황이서의 말이 그럴듯하게 들려서였다. 게다가 맛있게 만들 줄도 안다고 하니 이보다 더 좋은 후보가 없을 듯했다. 간식을 잘 안다고 자부하는 서연이도 뭐라도 친구들에게 보태고 싶었다.

"쿠키도 만들어 팔까? 니, 에진에 임마한테 쿠키 만드는 기 배운 적 있거든."

디자이너가 꿈이지만 요리사도 되고 싶은 황이서는 웬만한 음식은 다 만들 줄 알았다. 쿠키도 그 중 하나였다.

"쿠키도 좋겠다. 쿠키에 치즈를 넣어서 구우면 맛이 괜찮은 거 아니? 나도 조금 만들어 올게."

이걸로 일단 에코가 팔 간식의 종류는 정해진 것 같았다. 서연이는 뭔가 하나씩 착착 진행되는 것 같아 설레었다. 서연이의 설렘은 강지유가 한마디할 때까지였다.

"얘들아, 그런데, 샌드위치나 쿠키 같은 건 파는 곳이 이미 많지 않니?"

생각해 보니 그랬다. 샌드위치는 샌드위치 전문점가 빵집은 물론이고 보통의 카페에서도 흔히게 팔았다. 쿠키도 사성은 다르지 않았다. 빵집과 카페에 더해 편의점에 가면 널리 게 쿠키였다. 강지유는 역시나 푸른 바다인지 붉은 바다인지를 따져 보고 있었다.

서연이는 다른 친구들을 대신해 자기가 대답을 해야 한다고 느꼈다. 간식 비즈니스를 하겠다고 정한 건 모두가 동의한 일이었지만, 그걸 제일 먼저 제안했던 사람이 바로 서연이였다. 팔기로 정한 간식 두 가지 중 하나인 쿠키를 고른 것도 역시 서연이였다.

"으음, 그건 맞지만, 남들이 안 하는 간식이 뭐가 있겠어? 게다가 파는 곳이 별로 없는 그런 간식이 있다고 해도 우리가 만들 줄 모르면 아무 소용이 없잖아."

서연이는 내심 억울했다. 강지유도 서연이의 억울한 마음을 알아차렸다.

"그래, 네 말도 맞는 것 같아. 아직 초등학생인 우리가 어른들도 하지 못하는 걸 찾아서 하긴 어렵지. 그래도 우리 간식이 뭔가 다른 점이 있어야 할 것 같아서. 안 그러면 왜 우리 걸 사 먹겠어?"

원유주가 강지유의 말을 받았다.

"값을 싸게 하면 사 먹지 않을까?"

원유주의 말에 대놓고 반대할 아이는 없었다. 물건 값이 싸지면 사려는 사람이 많아지고 반대로 물건 값이 비싸지면 사려는 사람이 줄어든다는 건 아이들도 한두 번씩은 들어본 이야기였다. 서연이도 아빠에게 수요-공급 법칙을 배운 적이 있었다.

그럼에도 황이서는 원유주의 말이 마음에 걸렸다. 황이서도 물건 값이 싸면 더 많은 사람이 살 거라는 걸 모르지는 않았다. 하지만 그게 전부는 아닐 것 같았다. 황이서는 다른 방식으로 사람들의 지갑을 열게 하고 싶었다.

"다른 방법도 있지 않니? 우리 간식이 굉장히 맛있고 또 한눈에 확 들어오는 독특한 특징 같은 게 있으면 그런 걸 보고 사는 사람도 많을 것 같은데."

서연이는 방금 황이서가 무슨 생각으로 말을 했는지 눈치챘다. 가격이 아닌 물건의 남다른 품질이나 특징으로 사랑받고 싶다는 얘기였다. 요리에 진심인 황이서라면 당연히 가질 만한 생각이었다. 그런 황이서의 생각에 장단을 맞춘 아이는 의외로 강지유였다.

"그것도 좋은 생각 같아. 왜, 사람들은 값이 비싸면 오히려 더 좋은 거 산다고 좋아하면서 사기도 하잖아. 우리 아빠가 그렇게 바꾼 차가 몇 대인지 아니?"

아이들의 의견은 하나로 모이지 않았다. 서연이는 이걸 깔끔하게 정리하고 싶었다.

"그럼 어쩌지? 우리 간식의 차별점은 낮은 가격과 좋은 품질 중 어느 쪽이어야 해?"

친구들은 섣불리 의견을 내지 못했다. 결정하기 쉽지 않은 문제였다. 마침내 원유주가 자기 생각을 말했다.

"내 생각엔, 일단은 둘 다 하면 어떨까? 어느 쪽이 더 효과적일지 지금 당장 알 수가 없잖아. 둘 다 돈이 벌리면 둘 다 하지 않을 이유도 없구."

아이들은 원유주의 생각을 따르기로 했다. 그보다 더 낫다고 자신할 수 있는 생각이 어느 누구에게도 없었다. 아이들은 황이서가 만들기로 한 샌드위치는 높은 가격이지만 뛰어난 맛으로, 서연이가 주로 만들기로 한 쿠키는 부족하지 않은 맛에 낮은 가격으로 팔기로 정했다.

다들 이제는 어느 정도 마음을 놓는 듯하는 사이 서연이의 마음은 오히려 불안해졌다. 무언가 큰 걸 빠트린 느낌이 들어서였다. 이윽고 생각을 정리한 서연이가 말을 던졌다.

"지금까지 모든 걸 너무 우리 처지에서 생각한 게 아닌가 싶어. 그게 좀 걱정이 돼."

황이서가 듣기에 서연이의 말은 뚱딴지 같은 얘기였다.

"당연한 거 아니야? 우리가 간식을 만들어 팔 거니까 우리 처지가 중요하잖아."

서연이는 자기 생각을 좀 더 설명할 필요를 느꼈다.

"그건 그렇지. 그치만 내 말은, 우리가 아무리 쿠키를 맛있게 구워도 그걸 사겠다는 사람이 없으면 아무 소용이 없잖아. 그러니까 누가 우리 비즈니스의 진짜 손님이 될지를 별로 생각해 보지 않은 것 같아서."

"그거야 당연히 샌드위치와 쿠키를 좋아하는 사람이겠지."

"그렇긴 한데, 그 사람이 어디 있는지 어떻게 알아?"

서연이의 마지막 질문에 나머지 아이들의 말문이 막혔다. 지금까지 무얼 어떻게 만들까만 생각했지, 누가 에코의 간식을 사 먹을지는 생각해 보지 않았다. 아이들은 뭔가를 돈 내고 산 경험만 있을 뿐, 팔아 본 적이 없었다.

에코의 첫 걸음마는 쉬운 일이 아니었다.

6장

직원들 월급은 어떻게 마련할까?

자본 회사 운영에 쓸 돈을 구하려면?

"민준아, 잠깐 나와 보렴."

민준이 엄마가 방에 있는 민준이를 불렀다. 침대에 누워 뒹굴뒹굴하던 민준이는 몸을 일으키지 않은 채로 대답했다.

"왜요?"

"빨리 나와 봐. 외삼촌이 너하고 통화하고 싶단다."

민준이는 벌떡 일어났다. 외삼촌과는 여름방학 끝나고 만난 게 마지막이었다. 비록 결과가 좋지는 않았지만 민준이 외삼촌은 민준이를 포함한 아이들 상대로 경제 교육을 하는 스타트업을 만든 적이 있었다. 민준이는 엄마의 스마트폰을 건네받았다.

"외삼촌, 안녕하세요."

민준이 목소리에서 절로 반가움이 배어 나왔다. 반가운 목소리는 민준이 외삼촌도 마찬가지였다.

"헤이, 민준. 잘 지내지? 저번에 너희 집에서 본 뒤로 한 세 달 됐나?"

민준이는 지금 외삼촌이 있는 곳이 몇 시일까 생각했다. 혹시 자기한테 전화하느라 잠 잘 시간에 새 거면 어떡하나 하는 걱정이었다.

"지금 거긴 몇 시예요?"

"여기? 여긴 오후 6시야. 한국보다 16시간이 늦어. 한국은 지금 오전 10시지?"

"네, 외삼촌."

다행히도 외삼촌이 있는 미국 서부 샌프란시스코 지역은 오후 늦은 시간대였다.

"민준이 네 엄마랑 톡을 하다가 네가 이번에 창업 캠프에 들어갔다는 얘기를 듣고 신기해서. 어떻게 거길 알게 된 거야?"

"제 같은 반 친구 중에 한 명이 같이 하자고 얘기를 해서요. 저까지 여섯 명이 팀을 만들었어요."

"오, 그렇구나. 사실은 내가 거기 일을 좀 봐 주고 있거든. 시오구 교육지원청 소속 영재교육원 통해서 연결이 됐어. 사세한 긴 지금 얘기할 순 없지만 캠프 끝나면 말해 줄게."

민준이는 깜짝 놀랐다. 외삼촌이 창업 캠프와 관련될 줄은 꿈에도 생각지 못했다.

"진짜요? 완전 신기해요."

"그러게 말이야. 나야 그렇다 쳐도 민준이 네가 커서 창업하면 나보다는 훨씬 잘할 것 같은데? 나중에 위대한 창업자가 됐을 때 외삼촌 모른 척하기 없기다."

"아이, 설마 그럴 리가요."

외삼촌의 농담에 민준이는 몸 둘 곳을 몰랐다. 우스갯소리를 들은 민준이의 마음은 오히려 편치 않았다. 민준이는 외삼촌이 아직도 직장을 잡지 못했으면 어떡하나 하는 걱정이 들었다.

"요즘 어떻게 지내세요?"

"나야 언제나 잘 지내지. 아참, 이번에 새로 회사 들어간 거 아니?"

민준이는 외삼촌에게서 먼저 직장 얘기를 듣게 되어 기뻤다.

"아니요, 몰랐어요. 외삼촌, 축하드려요!"

"크, 이게 축하까지 받을 일은 아닌데. 암튼 고맙다."

"어떤 회사예요? 외삼촌 예전에 다녔던 구글이에요?"

민준이는 자기도 나중에 커서 구글 같은 곳에 들어가면 좋겠다는 생각이 있었다. 구글은 민준이에게 이를테면 꿈의 직장이었다.

"아, 구글에서도 자리 제안을 받긴 했는데 다른 데가 더 배우는 게 많을 것 같아서 거기로 갔어."

"어딘데요?"

"파라라는 회사인데, 메타보다 더 큰 데야."

옆에서 둘의 대화를 듣고 있던 민준이 엄마가 끼어들었다.

"월급은 예전보다 좀 올랐니?"

"연봉? 응, 좀 오르긴 했는데, 흐흐, 그 대신 내 몸과 맘이 더 이상 온전히 내 게 아니라서."

민준이 외삼촌의 대답에는 비꼬는 투가 다분했다. 민준이는 외삼촌이 무슨 말을 하는지 헷갈렸다.

"그게 무슨 소리예요, 외삼촌?"

"민준, 너 월급이 원래 무슨 말이었는지 아니?"

"글쎄요, 모르겠어요."

민준이 외삼촌은 설명을 시작했다.

"월급을 뜻하는 영어 단어가 '샐러리'거든. 그 말은 라틴어 '살리리움'에서 나왔는데, 고대 로마에서 살리리움은 군인들이 1년에 세 번 정기적으로 받던 봉급이었어. 그리고 살리리움의 '살'

은 라틴어로 소금을 뜻해. 그러니까 월급은 로마가 군인들에게 주던 소금 돈이었던 거야."

민준이는 외삼촌의 말이 완전히 이해가 되지 않았다.

"소금을 돈으로 줬다는 뜻이에요?"

"실제로는 데나리우스라는 금화를 줬지. 하지만 그 이전부터 소금에는 국가가 하사하는 값진 것이라는 의미가 있었어. 옛날에 소금을 만드는 건 왕의 권한이었거든. 아무나 만들 수 없다는 뜻이지. 그런데 음식 만들 땐 소금이 꼭 필요하잖아. 왕은 신민들을 마음대로 부리는 대신 소금을 조금씩 주는 은전을 베풀었던 거야. 구약 성경의 에즈라기에도 그런 구절이 있어."

"네."

'네'라고 대답하기는 했지만 민준이는 여전히 알쏭달쏭했다. 민준이 외삼촌은 설명을 계속했다.

"로마 시대 때 군인이 된다는 건 자신의 자유를 살라리움, 즉 월급과 맞바꾼다는 의미였어. 당시에 자유인은 스스로 자신의 땅을 경작해 먹고 사는 사람이었거든. 군인이 되면 하루 24시간, 1년 365일 상관이 시키는 대로 무조건 복종해야 할 절대 의무가 생겼지. 말 그대로 자기 몸과 맘이 자기 것이 아니었던 거야. 즉 당시 사람들은 군인이 되어 월급을 받는 걸 노예가 되는 것과 다르지 않다고 봤어."

 민준이는 외삼촌 얘기를 완전히 소화하기가 쉽지 않았다. 오늘날 월급을 받고 사는 수많은 회사원과 공무원들이 모두 노예라고 생각할 수는 없는 노릇이었다. 그렇지만 월급을 받는 대신 회사가 시키는 일을 의무로 받아들여야 하는 건 사실이었다. 민준이는 정해진 월급을 받는다는 의미를 속으로 새겼다.

 "얼마 전 캠프 수업 때 회사를 나타내는 영어 단어 컴퍼니가 돈 받고 싸우는 용병 무리에서 나왔다고 배웠어요. 비즈니스랑 전투 부대랑 생각보다 관련이 많은 것 같아요."

 "그런데 부대라고 해서 다 똑같은 건 아니었어. 예를 들어, 해적선이나 사략선에 타는 선원들은 고정된 월급을 받지 않았지. 뱃일을 거의 할 줄 모르는 어린 견습 선원도 월급 대신 약탈한 화물의 작은 비율을 자기 몫으로 받았어. 그 편이 더 공정하다고 선장과 선원 모두가 생각했기 때문이야."

 "얘, 그만해. 인사하고 싶다고 해서 전화 바꿔 줬더니 엉뚱한 얘기나 주고받고."

 민준이 엄마는 스마트폰을 돌려받기 위해 민준이에게 손을 내밀었다

"우리가 저번에 온라인 모임 비즈니스를 창업 아이템으로 하기로 했던 거, 다들 기억하지?"

나우주가 아이들에게 말했다. 아이들은 기억을 더듬고는 대답했다.

"응, 기억 나."

"그랬지."

"맞아, 그거."

대답하는 아이들의 목소리에는 자신감이 없었다. 그게 뭔지 잘 알고 있어서 하겠다고 한 게 아니기 때문이었다. 그저 신나는 모험이라는 말에 혹해서 하겠다고 했을 뿐이었다. 민준이도 여전히 그게 어떻게 비즈니스가 되는지 이해하지 못했다.

"그럼 우리가 뭘 할지는 이미 정해졌고, 다음으로 창업 자본을 정하면 되겠다."

나우주는 거침이 없었다. 나우주의 자신 있는 말투에 아이들은 저절로 기가 죽었다. 배건우가 용기를 내 물었다.

"창업 자본이 뭐임?"

"아, 그건 말이지, 회사를 처음 세울 때 들어가는 돈이야. 자본이 돈을 뜻한다는 거 정도는 너희도 알지?"

아이들은 돈 이야기에 몸을 움츠렸다. 조형규가 이어 물었다.

"파티를 맺고 모험을 하는 건데 꼭 돈이 들어야 하는 거야?"

물은 사람은 소형규였지만 그 질문은 조형규만의 질문이 아니었다. 다른 아이들도 창피할까 봐 입을 열지 못했을 뿐 들어보고 싶은 내용이었다. 나우주는 한심하다는 표정을 지으며 말했다.

"하 참, 이건 다중접속 역할수행 게임과 비슷하긴 하지만 똑같은 건 아니잖아. 생각을 좀 해 봐, 회사가 있으면 뭐가 있겠어? 회사에 고용된 사람들이 있겠지?"

"뭐, 그렇겠지."

"회사에 속한 사람들이 그냥 회사를 위해 일할까? 너 같으면 그러겠어?"

조형규가 힘없는 목소리로 대답했다.

"그건 아니지."

나우주는 설명을 이어 갔다.

"거봐, 회사 식원들에게 월급을 주지 않으면 그 사람들이 일을 하지 않겠지. 그러면 그 월급을 회사는 어떻게 줄 수 있겠어? 회사에 내서 돈이 있어야겠지? 게다가 그게 전부가 아니라구. 월급 말고도 회사가 쓰는 돈은 더 있기 마련이거든. 물건을 만들어 팔려고 해도 먼저 재료를 돈 주고 사야 하잖아. 그런 데에 쓸 돈을 회사는 처음부터 가져야 한다구. 그게 바로 창업 자본인 거야."

아이들은 이제 창업 자본이 뭔지는 이해했다. 그걸로 아이들의 궁금함이 가시지는 않았다. 배건우가 다시 물었다.

"그 돈은 어디서 나는 거임?"

나우주는 뻔한 걸 왜 묻냐는 기운을 풍기며 대답했다.

"당연히 회사를 세우는 사람한테 나와야지, 아니면 그 돈이 어디서 나겠냐?"

조용히 입을 다물고 있었지만 민준이는 나우주가 말한 걸 이미 짐작하고 있었다. 가상 세계기는 했지만 민준이는 어쨌거나 자신의 가게를 열어 본 경험이 있었다. 어쩌면 아이들은 아까부터 바로 다음의 질문을 하고 싶었을지도 몰랐다. 돈에 민감한 민준이가 불안감을 억누르며 나우주에게 물었다. 그럼에도 민준이의 목소리는 눈에 띄게 떨렸다.

"그게 얼마쯤인데?"

나우주의 대답은 곧바로 튀어나왔다.

"그거야 뭐 정해진 건 없어. 많이 할 수도 있고 적게 할 수도 있지."

그런 대답으로는 민준이의 불안감이 해소되지 않았다. 민준이는 다시 캐물었다.

"우리는 그러면 얼마가 되는 건데?"

나우주는 성가시다는 듯 말했다.

"우리 회사는 돈 나갈 데가 사실 별로 없으시 말이야. 당장은 우리가 받을 월급이 전부란 말이지. 그러니까 월급을 얼마로 정하느냐에 따라 달라질 텐데, 한 1년 정도 버틸 돈이면 일단은 충분해."

유세혁이 민준이 얼굴을 힐끗 보고는 물었다.

"우리 월급은 얼마면 될까?"

누구도 쉽게 대답할 수 있는 질문이 아니었다. 얼마 후 구수호가 별 생각 없이 말했다.

"만 원 어때?"

"그러면 1년치 월급이면 12만 원?"

아이들 대부분은 속으로 '이크!' 하고 생각했다. 예상했던 것보다 각자 낼 돈이 많다고 느껴서였다. 얼마간 머리를 굴린 소형규가 나우주에게 물었다.

"가만, 그럼 결국 우리가 낸 돈을 우리가 월급으로 돌려받는 거시?"

"당연한 거 아니야?"

"만약에 회사를 하다가 잘 안 되면 어떻게 돼? 그러니까 회사를 중간에 그만하기로 정할 수 있어?"

조형규가 진짜로 묻고 싶던 질문은 따로 있었다. 나우주는 지겹다는 표정을 지어 보이며 대답했다.

"회사를 만든 사람들이 정하면 그럴 수 있어."

"그러면 회사에 남은 돈은?"

"돈이 남아 있으면 지분율에 따라 도로 나눠 가지면 돼."

나우주 말대로라면 낸 돈이 어디 다른 데로 사라지지는 않았다. 지금 12만 원을 내면 매달 만 원씩 돌려받을 터였다. 그래도 갑자기 12만 원이라는 돈을 내는 건 부담스러웠다. 마음을 굳힌 민준이는 움츠린 채 말했다.

"난 월급 안 받아도 좋으니까 창업 자본은 안 내는 걸로 하고 싶어. 어차피 우리 돈 내서 다시 받는 거잖아."

민준이가 앞장서자 다른 아이들도 뒤를 따랐다.

"나도 그럴래."

"나도, 나도."

나우주는 황당했는지 잠시 말을 잃었다. 뭔가를 생각하는 눈치였다. 얼마 후 나우주는 한 가지를 제안했다.

"그러면 이렇게 하는 걸로 해. 너희들 월급은 모두 한 달에 만 원씩이야. 창업 자본은 너희는 안 내도 좋아, 내가 다 낼 거니까. 대신 회사의 지분은 다 내 거야. 알겠지?"

아이들은 당장 돈을 내지 않아도 된다는 점과 그럼에도 월급을 만 원씩 받게 됐다는 점 두 가지를 모두 좋아했다. 민순이도 한시름 놓았다

7장

우리 정말 잘하고 있는 걸까?

성장 사업이 커지는 걸 확인하는 지표는?

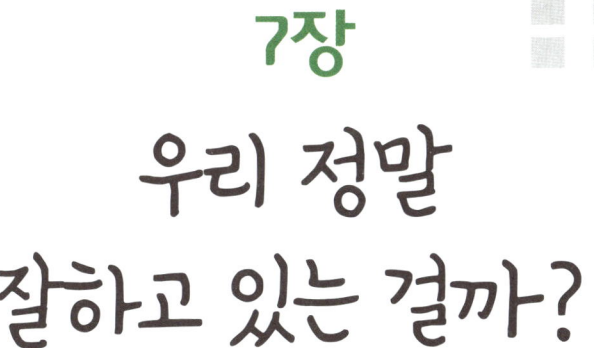

회사의 지분을 혼자서 다 가지게 된 나우주는 회사에 관한 중요한 사항을 아이들에게 말해 주었다.

"내가 생각해 봤는데, 우리 회사 이름은 '게임의 나라'로 하려고 해."

아이들의 반응은 제각각이었다.

"야, 그거 오래된 컴퓨터 게임 이름하고 너무 비슷한 기 아니야?"

"원래 그 게임, 만화였음."

"우리가 어떤 민족이야? 게임의 민족 아니야? 그러니까 회사 이름을 '게임의 민족'으로 하면 어때?"

아이들의 왁자지껄을 듣고 있던 나우주는 갑자기 손을 훼훼 내저었다.

"회사 이름을 짓는 데도 원리가 있어. 너무 어렵거나 사람들 기억에 남지 않는 뻔한 이름도 안 되지만 이미 누군가가 갖다 쓴 이름도 안 돼. 이미 있는 이름을 쓰면 이름 베꼈다고 나중에 욕먹게 돼. '게임의 민족'은 찾아 보니 이미 쓰는 데가 있었어."

민준이는 속으로 감탄했다. 예전에는 나우주가 얄미운 말만 골라 하는 개구쟁이라고 생각했다. 그런데 이번에 보니 아는 것도 많고 또래의 아이들과는 구별되는 친구였다. 민준이는 이번 창업 캠프에서는 나우주가 이끄는 대로 따라가 봐야겠다고 생각했다.

아직 완전히 해결하지 못한 의문이 민준이에게는 있었다. 회사가 쓰는 돈은 모두 창업자에게서 나와야 하는지였다. 민준이와 친구들의 회사인 게임의 나라는 이제 막 생기려는 스타트업이니까 큰 문제가 아니었다. 하지만 회사가 커진 다음에도 계속 그래야 한다면 그야말로 더 큰 문제가 아닐 수 없있다. 그건 이미 돈이 아주 많은 사람이 아니면 새로운 회사를 만들 수 없다는 뜻이기도 했다.

"우주야, 회사가 쓰는 돈은 모두 창업자에게서만 나와?"

나우주는 민준이의 얼굴을 빤히 쳐다봤다. '외의인데?' 하는 표정이었다. 사실 민준이와 나우주는 같은 반이기는 해도 둘이 직접 이야기를 나눌 일은 별로 없었다. 나우주가 보기에 민준이는 그저 게임을 좋아하고 말이 없는 편인 평범한 아이였다. 그런데 오늘 보니 다른 아이들과는 달리 깊은 생각과 질문이 민준이에게 있었다.

"왜? 뭔가 마음에 걸리는 게 있어?"

"그러면 안 될 것 같아서."

"네 말이 맞아. 그런 식이라면 회사를 크게 키우는 건 불가능에 가깝지."

나우주가 설명은 하지 않고 변죽만 울리자 민준이는 애가 탔다.

"그럼 창업은 돈 많은 사람만 할 수 있는 거야?"

"꼭 그렇지는 않아. 회사가 쓰는 돈을 마련할 수 있는 다른 방법이 있기 때문이지."

민준이가 듣고 싶었던 게 바로 그 방법이었다.

"나도 한 가지는 짐작 가는 게 있어."

나우주는 점점 민준이에게 흥미가 생겼다.

"뭐라고 짐작하는데?"

그건 단순한 짐작이 아니었다. 민준이는 회사를 만든 적이 없었을 뿐 사실 가상 세계에서 비즈니스를 해 본 적이 있었다. 즉 직접 경험해 본 일이었다.

"비즈니스가 잘 되면 회사가 돈을 벌기 시작하잖아. 그 돈으로 직원들 월급을 줄 수 있을 것 같아."

나우주는 짐짓 아무렇지 않은 체했다.

"잘 맞혔어. 그게 한 가지 방법이야. 어떻게 알았지?"

민준이는 쑥스러운 표정으로 말했다.

"회사는 아니지만 가게를 열어 장사해 본 적이 있어. 그래서 알아."

"어떻게? 언제 해 본 거야?"

이번엔 나우주가 진짜로 놀랐다. 나우주는 가게를 열어 장사해 봤다는 또래의 친구를 한 번도 만난 적이 없었다. 나우주의 화들짝 놀란 모습을 본 민준이는 자기 말이 어떤 식으로 들렸을지 깨달았다.

"음, 진짜로 해 본 건 아니고, 가상 세계에서 해 봤어."

"그건 또 무슨 소리야? 가상 세계라니?"

민준이는 난처했다. 가상 세계의 경험을 이야기하려면 외삼촌이 했다는 스타트업 얘기를 하지 않을 수 없었다. 스타트업이 망하는 건 드물지 않다는 사실은 민준이도 잘 알았다. 하지만 친구들에게 하필이면 외삼촌 회사가 망했다고 얘기하는 건 또 다른 이야기였다. 자기가 부끄러워서가 아니라 쓸데없이 외삼촌을 얕잡히는 일인 것 같았다.

"아무것도 아니야, 그냥 그런 게 있어."

다행스럽게도 나우주는 더 이상 캐묻지 않았다. 그런데도 민준이 표정은 여전히 썩 밝지 않았다.

"왜? 마음에 걸리는 게 뭔데?"

"그것만으로는 충분하지가 않을 것 같아서."

"뭐가?"

"회사가 원래 처음부터 돈을 벌기가 쉽지 않잖아. 그럼 도로 돈 많은 사람만 회사를 만들 수 있는 거랑 마찬가지라서."

'이 녀석, 제법인데' 하고 나우주가 속으로 생각했다. 진심으로 민준이를 인정하는 마음이 들었다.

"네가 말한 대로 회사가 쓸 수 있는 돈이 창업자가 낸 돈이나 회사가 번 돈뿐이라면 그렇겠지. 그렇지만 다른 방법이 더 있거든."

"정말? 그럼 다행이야."

민준이는 나우주가 다른 방법을 이야기해 주기를 기다렸다. 나우주 역시 민준이가 무얼 기다리는지 모르지 않았다. 그런데 짓궂게 장난치기를 좋아하는 나우주의 심보가 또다시 발동했다.

"여기서 문제 나가. 회사가 쓸 돈을 마련하는 방법은 두 가지가 더 있어. 그게 뭘까?"

"야아, 내가 그걸 물어 봤었잖아."

"좋아, 대신 힌트를 주지 자, 힌트 나가. 그중 한 가지와 회사의 관계는 바닷물과 바다에서 조난을 당한 목마른 선원의 관계와 같아."

나우주의 힌트는 그냥 힌트가 아니었다. 먼저 퀴즈를 풀어야 얻을 수 있는 힌트였다. 다행히도 민준이가 풀어야 할 퀴즈는 그렇게 어렵지 않았다. 바닷물과 목마른 사람의 관계는 뻔했다.

'목마른 사람에게 바닷물은 생명을 단축시킬 유혹이잖아. 갈증 때문에 바닷물을 마시면 당장은 목을 축이는 거 같아도 결국 더 목이 말라 죽게 되니까. 물은 맞지만 진짜 물은 아닌 셈이지.'

민준이는 목마른 사람에게 바닷물 같은 돈이 뭘까를 생각해 봤다. 그런 걸 배워 본 적은 없었다. 하지만 짚이는 게 있었다. 민준이는 나우주에게 말했다.

"돈 꾸는 걸 얘기하는 거야?"

"딩동댕. 맞혔어. 빌린 돈이 바로 바닷물 같은 거야. 돈을 빌리면 우선은 돈이 생기지만 그 돈은 진짜 회사 돈이 아니라 갚아야 할 돈이야. 거기에 더해 이자도 갚아야 하지. 그러니까 이 방법은 특별한 이유가 없다면 선택하지 않는 게 나아. 생긴 지 얼마 안 되는 스타트업이라면 더욱 그래."

민준이의 의문은 아직도 해결되지 않았다. 직원들 월급 줄 돈을 회사가 빌려서 마련하는 건 아예 처음부터 방법이 아니라고 민준이는 생각했었다. 즉 나우주의 한 가지 방법은 들으나 마나였다. 민준이의 답답한 표정을 본 나우주가 말했다.

"이제 마지막 한 가지 방법이 남았어. 이번에도 힌트를 줄게. 너한테 병아리가 열 마리 있어. 병아리를 잘 키우면 나중에 알을 많이 낳는 암탉이 될 거라고 너는 생각해. 하지만 그러는 데에는 돈과 시간이 필요해. 그런데 넌 가진 돈이 거의 없어. 그래도 어떻게 해서든지 병아리를 키워 보고 싶어. 그러면 어떻게 하는 게 좋을까?"

나우주의 힌트는 이번에도 그냥 힌트가 아니었다. 마치 스핑크스가 내는 수수께끼 같았다. 민준이는 자기도 모르게 머리카락을 쥐어뜯었다.

'원래 돈이 있어서 그걸로 병아리를 키우면 좋을 텐데, 나는 돈이 없으니 그럴 순 없지. 또 병아리가 이미 알을 낳고 있으면 그걸 팔아 돈을 마련하면 되는데, 어린 병아리가 다 자란 암탉처럼 달걀을 낳을 수는 없잖아. 돈을 빌리는 건 이미 제대로 된 방법이 아니라고 이야기 들었구. 무슨 방법을 쓸 수가 있는 거지?'

속으로 애를 태우던 민준이에게 번개처럼 한 가지 생각이 스쳐 지나갔다.

"열 마리 병아리 중 한두 마리를 팔아서 돈을 마련하면 어때?"

"딩동댕동. 병아리를 다 팔지 말고 일부를 파는 거야. 병아리 수는 줄지만 여전히 남은 병아리가 있으니까 괜찮아. 돈이 없어서 아무것도 못하고 모든 병아리를 죽이는 것보다는 훨씬 낫지."

민준이는 병아리와 회사의 공통점을 머릿속으로 찾기 시작했다. 나우주의 병아리가 진짜 병아리가 아니라는 건 짐작할 수 있었다. 무슨 얘기일지 어렴풋이 알 것 같았지만 어떻게 표현해야 할지는 흐리터분했다.

"뭐라고 말해야 할지 잘은 모르겠지만, 회사의 지분 일부를 파는 걸 말하는 거야?"

"훌륭해. 그게 마지막 방법이야. 회사 지분을 조금 주는 대신 회사가 돈을 받는 거야. 이걸 가리켜 보통 투자를 받는다고 말을 하지."

민준이는 여전히 아리송한 게 있었다.

"아직 알을 못 낳는, 그러니까 돈을 벌지 못하는 회사의 지분을 사겠다는 사람이 있어?"

"회사가 커질 거라는 생각을 심어 줄 수만 있다면 얼마든지 있지. 성장의 가능성을 숫자로 보여주는 게 그래서 중요해. 우리 게임의 나라에선 회원 수나 방문자 수 같은 게 그런 지표야. 그러니까 게임에 관심이 있는 사람을 무조건 많이 모아야 하는 거야. 커 가는 지표만 만들 수 있으면 돈을 한 푼도 벌지 못해도 상관없어."

솔직히 말해 사람을 많이 모으는 게 왜 비즈니스가 되는지 민준이는 잘 이해되지 않았다. 그렇다고 아이들에게 묻기도 창피한 일이었다. 그것도 모르냐는 핀잔이 두려워서였다. 아무튼 민준이는 나우주가 이런 걸 어디서 다 주워들은 건지 궁금할 따름이었다.

며칠 후 설날이 되었다. 민준이는 저녁 때 외할아버지 댁을 엄마 아빠와 함께 찾았다.

"할아버지, 안녕하셨어요. 새해 복 많이 받으세요."

"어서 오너라. 추운데 오느라 고생했다."

초등학교 교장 선생님이었던 민준이 외할아버지는 민준이에게 인자하면서도 엄한 구석이 있었다.

"이번 겨울 지나가면 이제 너도 초등학교 최고학년인 6학년이 되겠구나. 요즘은 무슨 공부를 하니?"

"수학이랑 영어 학원 다니고 있어요. 민준이 너, 열심히 공부하고 있는 거 맞지?"

민준이는 엄마의 질문에 대답하기보다는 외할아버지께 창업 캠프 이야기를 하고 싶었다. 며칠 전에 나우주에게 들은 걸 확인하고 싶어서였다.

"저 이번 방학에 창업 캠프도 다녀요."

"창업 캠프? 요샌 학교에서 그런 것도 하니? 세상 참 많이 달라졌구나. 하긴 요즘 같아선 월급 받는 직장인이 되는 것보단 자기 사업 하는 게 더 나은 면도 있겠어."

"미주초에서 하는 게 아니구, 텔레비전 방송사에서 하는 거에요. 민준이 친구들하고 같이 다녀요."

"할아버지, 비즈니스에서 궁금한 게 있는데요, 물어봐도 돼요?"

뜬금없는 민준이의 질문에 민군이 외할아버지는 조금 놀란 듯했다. 하지만 사랑하는 외손자의 궁금함을 해결해 줄지도 모르는 기쁨을 마다할 이유는 없었다.

"할아버지가 사업은 아는 게 많지 않다만, 그래도 한번 물어보렴. 할아버지가 아는 대로 알려줄 테니."

민준이는 엄마의 살짝 따가운 눈초리를 느끼며 외할아버지에게 물었다.

"저희 회사 이름이 게임의 나라인데요. 회사 대표인 친구 말로는 온라인 모임 비즈니스를 하는 거래요. 게임을 좋아하는 사람을 무조건 많이 모아야 한대요. 그런데 저는 왜 사람을 많이 모으는 게 비즈니스가 되는지 잘 모르겠어요. 할아버지는 아세요?"

민준이 외할아버지 머릿속으로 과거에 겪었던 여러 장면이 스쳐 지나갔다. 좋은 일만 있었던 건 아니었다. 모진 기억도 적지 않았다. 민준이 외할아버지는 민준이 나이에 알맞을 이야기만 마음속으로 추렸다.

"사업이라는 게 너는 뭐라고 생각하니?"

민준이는 잠시 주저하다가 대답했다.

"물건 팔아서 돈 버는 거요."

"그래, 대략 맞는 얘기다. 조선시대에 보부상들이 하던 일이지. 보부상 같은 상인들이 원하는 게 뭔지 아니? 더 많은 물건을 파는 거란다. 더 많은 물건을 팔려면 뭐가 필요하겠니? 사람들이 많이 찾아오도록 해야겠지. 그런데 아무 데서 혼자 물건을 팔면 무슨 일이 벌어지겠니? 거기서 물건 파는 걸 아는 사람이 별로 없겠지. 그래서 상인들끼리 모여 시장을 만들었던 거야. 시장에 가면 물건이 있다는 걸 사람들이 아니까 알아서 찾아오겠지."

민준이 외할아버지는 말을 멈추고 잠시 뜸을 들였다.

"그렇지만 그게 방법의 전부는 아니었단다. 시장을 찾아올 사람 수는 한계가 있기 마련이거든. 그게 예전에 3일이나 5일마다 시장을 열었던 이유지. 늘 열어놔 봐야 올 사람이 별로 없었던 거야. 더 좋은 방법은 이미 사람이 많은 곳으로 가는 거였지. 사람 수가 많은 만큼 더 많은 물건을 팔 수가 있거든. 많은 사람이 있는 곳의 대표적인 예가 뭔지 아니? 군대란다, 군대. 그래서 군대 옆에는 항상 따라다니면서 물건을 파는 상인이 있기 마련이지. 고대의 로마 군단에도 해당되는 얘기란다. 영어의 서틀러, 비틀리가 바로 그들이지. 땅에서 따라다니면 서틀러, 바다나 강에서 배를 타고 따라다니면 비틀러였단다."

민준이는 꼴깍 침을 삼켰다. 민준이 외할아버지는 이야기를 계속해 나갔다.

"그런데 인터넷이 만들어지면서 많은 사람을 찾아오게 할 수 있는 새로운 방법이 나타난 거란다. 온라인 세상인 거지. 현실의 물리적인 시장 공간보다 훨씬 많은 사람이 모일 수 있거든. 상인들은 이제 온라인 세상에서 물건을 팔고 있지, 예전보다 훨씬 많이."

민준이 외할아버지의 설명은 어렵지 않았다. 민준이도 온라인으로 많은 사람을 접할 수 있다는 건 이해했다. 하지만 여전히 빠진 게 있었다. 게임의 나라는 물건을 파는 회사가 아니었다. 민준이는 다시 물었다.

"하지만, 저희 회사는 그냥 게임을 좋아하는 사람이 모여 있는 온라인 모임일 뿐인데요. 파는 물건이 없어요."

민준이 외할아버지는 잠시 말을 멈췄다가 조심스럽게 말을 이었다.

"그렇지. 사업이 되려면 뭔가를 팔아야지. 너희 같은 회사가 돈을 버는 건 물건이 아닌 다른 걸 팔기 때문이란다. 바로 너희가 모아 놓은 '사람들'이야. 그 사람들에게 광고를 하게 해 주는 대가로 다른 회사들한테 돈을 받는 거지. 사람들은 공짜로 너희 서비스를 쓴다고 좋아들 하지만, 실제로는 자기 정보를 헐값에 넘긴 셈이란다."

민준이는 뭐라고 말해야 할지 막막하기만 했다.

8장

버는 게 전부가 아니야, 잘 쓰는 것도 중요해

비용
나가는 돈을 가리키는 말은?

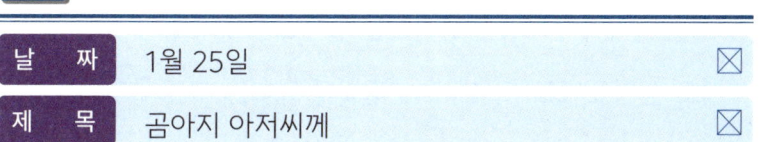

보내기	
날 짜	1월 25일 ⊠
제 목	곰아지 아저씨께 ⊠

 오래 기다렸지만 답메일을 주지 않으시네요. 그렇지만 이건 아주아주 중요한 일이라서요.

 아저씨, 배가 나오셨어요? 사실은 제가 아저씨를 얼핏 본 적이 있는 것 같아서요. 작년 초에 저희 서오초등학교에 오신 적 있지 않으신가요? 그때 인공지능으로 저의 디지털 쌍둥이를 만들고 싶다는 분이 학교를 방문했거든요. 얼굴을 자세히는 못 봤지만 그분의 뒷모습은 스치듯 봤어요.

 왜 제가 이걸 여쭤보냐면요, 무슨 이유로 아저씨가 스스로를 곰 같은 홍길동이라고 했는지가 궁금해졌기 때문이에요.

 아저씨에 대해 제가 아는 건 이게 전부잖아요. 비즈니스를 잘 안다, 자신을 드러내고 싶어 하지 않는다, 곰 같다의 세 가지요. 그런데 이것만 가지고는 좀처럼 아저씨의 실제 모습이 하나로 모아지질 않는 거예요.

 진시연 선생님이 얘기하신 직이 있으니 아저씨가 실제로 있는 건 사실이겠죠. 그렇지만 답장도 안 주시고 누군지도 정확히 모르겠는 분께 계속 이메일을 보내기가 쉬운 일은 아니랍니다. 아저씨가 어떻게 생기셨을지 어느 정도의 이미지라도 가지고 싶어요. 그래야 제가 시리 같은 말하는 챗봇에게 떠들고 있는 게 아니라고 안심할 수 있을 것 같아서요. 아, 오히려 챗봇이었다면 제 이메일이 불러도 대답 없는 메아리를 면할 수 있었겠네요.

 아 참, 이건 강지유한테 새로 들어서 알게 된 건데요, 강지유가 누군지는 기억 나시죠? 그 애는 비즈니스에서 경쟁이 없는 '푸른 바다'를 찾는 게 중요하다고 생각인답니다. 또 저의 회사 이름인 에코가 맞장구쳐 주는 메아리라고 생각해서 좋다고 한 아이였지요.

 강지유 말로는 에코가 자기 자신과 사랑에 빠져 죽은 나르키소스와 관련이 있다고 하네요. 에코는 원래 그리스 신화에 나오는 오레이아스, 즉 요정입니다.

 에코는 제우스의 부인 헤라에게 저주를 받아 자기가 들은 마지막 말만 따라 말하게 되었지요. 그런데 어느 날 에코는 나르키소스를 보고 사랑에 빠지는데요. 안타깝게도 끝말을 따라 하는 게 전부인 에코를 나르키소스가 거부하고 말아요. 부끄러운 나머지 에코가 도망을 치자 복수의 신 네메시스는 나르키소스에게 물에 비친 자기 자신과 사랑에 빠지는 벌을 내렸지요. 결국 나르키소스도 사랑을 이루지 못하고 물에 빠져 죽었답니다. 슬픈 이야기지요?

 나르키소스 이야기를 강지유에게 듣고 그런 생각이 들었어요. 제가 저의 디지털 쌍둥이랑 대화를 나누면 무슨 느낌이 들까 궁금해진 거예요. 저랑 똑같은 생각을 하는 존재에게 나르키소스처럼 한눈에 반해버릴까요? 그런 존재는 에코처럼 제 말을 따라 할 뿐 아닐까요? 저는 싱그럽게 느껴지거나 혹은 재미없게 느껴질 것 같아요. 아저씨가 저의 디지털 쌍둥이를 만든 분이라면 나중에 꼭 제가 저의 디지털 쌍둥이와 얘기를 나누게 해 주세요!

 처음엔 아저씨 모습이 수트를 잘 차려입은 어른과 같을 거라고 상상했어요. 예전에 저희 엄마랑 재미있게 봤던 미드 원작 우리나라 드라마 <슈츠>의 남자 주인공과 비슷하다고 생각한 거지요. 아, 제가 얘기하고 있는 건 나이가 어린 쪽이에요. 아저씨는 잘 모르시겠지만 아이돌 그룹에서 활동하다가 요즘은 연기도 하고 있는 박형식이라는 오빠지요. 그러고 보니 슈츠에서 박형식 오빠는 사업가가 아니라 가짜 변호사로 나왔었네요. 전 왠지 비즈니스를 잘할 줄 아는 사람은 박형식 오빠처럼 잘생기구 수트도 잘 어울릴 것 같거든요.

그런데 문득 아저씨가 자신을 드러내고 싶어 하지 않는다는 사실이 떠오른 거예요. 방에 콕 박혀 지내는 은둔형 외톨이가 아저씨의 본모습일 수도 있잖아요. 뭔가에 빠져서 그것만 하는 덕후의 이미지는 대개 안경을 쓰고 배가 나왔거든요. 미국에서 수학 잘하는 덕후들이 많이 간다는 매사추세츠기술원 학생들이 나오는 영화를 보면 딱 그런 모습이었어요. 아무래도 수트가 잘 어올리는 모습은 아닌 거지요!

이제 남은 건 곰 같다는 사실뿐이였어요. 꿈에서 지는 제가 좋아하는 푸를 떠올렸지만 생각해 보니 곰 같다는 게 여러 가지 모습일 수 있다는 걸 깨달았습니다, '곰처럼 미련하다'는 말, 아저씨두 들어보셨겠지요? 제가 어렸을 때 봤던 <마사의

곰>이라는 만화에서도 곰은 꼬마숙녀 마샤에게 맨날 당하기만 하거든요.

 또 제가 놓친 게 있더라구요. 처음에는 무시했지만 왜 홍길동이라는 난데없는 이름을 쓰셨을까 궁금해졌습니다. 그게 진짜 본명은 아니시죠? 홍길동처럼 아버지를 아버지라고 부르지 못하는 서러운 까닭이 있으신 건가요? 아니면 홍길동처럼 초능력 같은 마술을 부리시는 걸까요? 저희 아빠한테 들었던 얘긴데 '앞선 테크놀로지는 마술과 구별되지 않는다'고 합니다. 유명한 과학소설 작가가 한 말이래요.

 그러니까, 다른 건 말고라도 배가 나왔는지 안 나왔는지만 알려 주세요. 그것만 알려 주시면 더 이상 귀찮게 아저씨에 대해 여쭤보지 않을게요. 작년에 저희 학교에 오셨던 분은, 죄송해요, 아저씨, 배가 나왔을 것 같은 실루엣이었어요. 이게 아저씨께 위로가 될진 모르겠지만 영화 <오타쿠에게 사랑은 어려워>의 남자 주인공처럼 안경은 썼지만 귀여운 덕후도 있을 기라고 생각해요.

궁금함이 머리끝까지 닿은

한서연 올림

오늘은 서오초등학교의 겨울방학이 끝나고 개학하는 날이었다. 다른 학교들은 연말에 수업을 진행해 이미 학년을 마친 곳이 많았지만 서오초등학교는 그렇지 않았다. 즉 서연이는 오늘부터 약 2주 동안 더 학교에서 수업을 받아야 했다.

학교 수업이 끝난 후 서연이는 황이서네 집으로 바삐 갔다. 그동안 황이서네 집은 에코의 본부로 사용되어 왔다. 오늘도 서연이를 포함해 에코의 공동창업자 네 명의 회의가 황이서네 집에서 예정되어 있었다.

그동안 에코는 첫 걸음마를 떼었다. 즉 실제로 간식을 판 매출이 발생했다. 아이들은 모두 하늘을 날아오른 듯 기뻐했다. 하지만 딱 거기까지였다. 매출은 좀처럼 커지지 않았다. 오늘 회의는 어떻게 하면 이런 상태를 벗어날 수 있을까를 궁리하는 자리였다.

"어떻게 하면 샌드위치를 더 많이 팔 수 있을까?"

강지유의 질문은 모두가 묻고 싶은 질문이었다. 아이들의 처음 궁리는 원유주와 황이서가 각각 두둔하는 가격과 맛에 집중되었다. 서연이가 아이들에게 물었다.

"우리 지금 샌드위치를 한 개당 5,000원에 팔고 있잖아. 이게 비싼 거야?"

원유주는 그동안 샌드위치 가격에 불만이 많았다. 원유주가 보기에 에코의 샌드위치 가격은 지나치게 높았다.

"그렇다니까. 학교 옆에 있는 편의점에 가면 샌드위치가 얼만지 아니?"

원유주의 질문에 선뜻 대답하는 아이는 없었다. 원유주는 자기 스마트폰에서 조사한 결과를 적어 놓은 메모를 열었다.

"내가 그동안 몇 군데 돌아다니면서 좀 알아봤어, 들어 봐. 석유회사에서 하는 편의점의 새우 샌드위치는 3,500원이고, 본사가 일본에 있는 편의점의 참치 샌드위치와 계란 샌드위치는 각각 2,500원과 2,200원. 또 신문사에서 하는 편의점의 햄 샌드위치는 2,100원에 팔리고 있어. 우리 샌드위치 가격의 반도 안 되는 거야."

아이들의 표정은 어두워졌다. 누가 들어도 에코의 샌드위치 가격이 높은 건 확실한 듯했다. 황이서가 속으로 무슨 생각을 할지 걱정이 된 서연이가 말했다.

"그렇긴 한데, 편의점에서 파는 샌드위치를 내가 먹어 본 적은 없지만, 그래도 이서가 만든 샌드위치보다는 맛이 떨어지지 않을까?"

아직도 할 말이 많이 남은 원유주는 곧바로 맞받아쳤다.

"서연아, 내가 한 가지만 이야기할게. 석유회사 편의점에서 파는 샌드위치 중에 '아이돌 인기 샌드위치'라는 게 있어. 이게 원래는 텔레비전 방송사 매점에서 파는 샌드위치였대. 그런데 그 방송사 가요 순위 프로그램에 출연하는 아이돌 언니 오빠들이 그걸 잘 사 먹었대, 맛있다구. 그래서 그게 유명해져서 편의점에서 메뉴로 만들어 내놓은 게 바로 아이돌 인기 샌드위치야. 그게 가격이 2,700원인데, 또 시간만 잘 맞춰 가면 30퍼센트 할인해서 팔기도 해. 그러면 1,900원이 안 되는 가격에 사 먹을 수 있어. 내가 먹어 봤는데, 생각보다 정말 맛있어."

원유주의 말에 서연이 예상대로 황이서는 속이 끓었다. 황이서는 그대로 입을 다물고만 있을 수가 없었다.

"아무리 그래도 그렇지, 어떻게 편의점 샌드위치랑 내가 만든 샌드위치를 비교할 수 있어? 내가 만든 샌드위치에는 신선한 야채와 고급 재료가 가득 들어간단 말이야. 그러니까 비교를 하려면 카페나 샌드위치 전문점에서 파는 샌드위치랑 비교를 했어야지. 그런 데서 샌드위치를 먹으려면 최하 6,000~7,000원에서 반 위 넘어가는 돈을 내야 해. 내 샌드위치는 이미 충분히 싸게 팔고 있다구."

원유주와 황이서의 생각 차이는 수월하게 풀린 문제는 아니었다. 아이들은 가격은 낮분긴 그대로 두기로 정했다.

에코의 매출에는 사실 더 큰 문제가 있었다. 강지유가 원유주를 쳐다보며 물었다.

"우리가 지금까지 번 돈이 얼마지?"

원유주는 자기 스마트폰을 열어 금액을 확인했다.

"모두 6만 원이야."

6만 원이라는 에코의 매출은 구성이 단출했다. 그동안 강지유 엄마와 서연이 엄마가 네 개씩, 그리고 원유주 엄마와 황이서 엄마가 두 개씩을 샀다. 언니가 있는 강지유네와 작은이모가 가까이 사는 서연이네가 두 개씩 더 산 셈이었다.

즉 에코의 매출 발생은 겉으로 보면 기쁜 소식이었지만 속을 뜯어보면 그렇게 좋아할 일이 아니었다. 에코의 간식을 사 먹은 사람은 모두 에코 공동창업자의 식구들이었다. 달리 말해 에코는 일반 손님에게 간식을 팔지는 못했다.

실제로 샌드위치를 어떻게 더 팔까라는 질문은 왜 에코의 가족 외엔 에코의 샌드위치를 사 먹는 사람이 없을까라는 질문이기도 했다. 식구들이 에코의 비즈니스를 위해 지금보다 더 많은 샌드위치를 사 먹는 데에는 한계가 있었다. 아무리 에코의 샌드위치가 맛있어도 매 끼니에 열 개씩 먹을 수는 없는 노릇이었다. 아이들은 모두 이런 식으로 오래갈 수는 없다는 걸 알았다. 지금 상태를 벗어나지 못한다면 그건 신발장 정리하고 용돈 받는 일과 크게 다르지 않았다.

더 많은 판매를 위해 초등학교 5학년 학생 네 명이서 할 수 있는 일은 그렇게 많지 않았다. 아이들은 가족이 아닌 학교 친구들에게 팔아보기로 뜻을 모았다. 완벽한 해결책은 아니었지만 아이들로서는 최선에 가까웠다. 그렇게 친구들에게라도 팔다 보면 새로운 돌파구가 열릴지도 몰랐다.

원래의 회의 주제말고도 아이들이 같이 고민할 거리는 잔뜩 있었다. 그중에서 황이서가 꺼내 놓은 골칫거리는 비용이었다.

"우리, 쓰는 돈을 어떻게 할지 이젠 좀 정하면 어때?"

비용 이야기를 시작한 사람이 황이서인 건 당연했다. 그동안 가족들에게 판 샌드위치는 모두 황이서 혼자 만든 거였다. 서연이가 만들겠다던 쿠키는 아직 판 적이 없었다. 왜냐하면 서연이의 쿠키 굽는 솜씨가 서투른 탓에 굽다가 계속해서 망쳤기 때문이었다. 서연이 엄마는 처음 한두 번은 귀엽게 봐주다가 실패가 반복되자 더 이상 오븐을 못 쓰게 했다. 성과도 없이 부엌을 온통 밀가루 범벅으로 만들어 놓는 데에 짜증이 난 탓이었다.

강지유는 동의를 구하듯 아이들을 둘러보며 말했다.

"그럼 우리가 그동안 낸 5.0만 원을 모두 이서에게 줘서 샌드위치 재료 살 돈으로 쓸까?"

아이들은 모두 고개를 끄덕였다. 반대할 아무런 이유가 없었다. 다만 서연이는 한 가지 걱정이 있었다. 누구보다도 황이서를 잘 알기 때문이었다.

"이서야, 너 샌드위치 재료 살 때 무조건 좋은 것만 사지 말고 가격과 양도 좀 따져 보면 좋겠어."

황이서는 새삼스러운 서연이의 말이 거슬렸다.

"얘, 내가 돈을 막 쓰기라도 한다는 거니? 우리가 힘들게 번 돈인데 당연히 나도 아껴서 쓸 거야."

서연이의 뜻은 그런 게 아니었다. 황이서가 자기 기준에서 아껴 쓸 거라는 걸 모르지 않았다. 서연이의 걱정은 그러한 황이서의 기준이 객관적이지 않을 거라는 데 있었다.

"내 말은, 우리가 샌드위치 한 개에 5,000원에 팔 거니까 샌드위치를 한 개 만드는 재료비가 5,000원보다 크면 안 될 것 같다는 얘기야."

"어머, 얘, 나 그런 거 몰라. 그렇게 걱정이 되면 서연이 네가나 재료 사러 갈 때 같이 가."

서연이는 마음이 무거워졌다. 그래도 황이서가 막무가내로 쇼핑하게 내버려 둘 수는 없었다. 서연이는 황이서에게 같이 가겠다고 대답했다.

그게 끝이 아니었다. 황이서는 자기 나름대로 마음에 차지 않는 부분이 있었다.

"얘, 말 나온 김에, 우리 와플 기계 하나 마련하지 않을래? 그거 있으면 샌드위치도 맛있게 구울 수 있고 와플도 만들 수 있어. 미국제 명품 기계가 있는데 제일 좋은 건 200만 원도 넘지만 돈이 모자라면 적당한 모델을 한 60만 원 정도에 살 수 있는데."

"우리한테 60만 원이 어디 있어?"

"그래도 그거 하나 장만해 두면 좋은데. 엄마한테 돈 빌려서 사면 어때?"

"그랬다가 간식 많이 못 팔면 어쩌려구? 그만큼 우리 회사의 비용이 커진단 말이야."

서연이는 한숨이 절로 나왔다.

| 보내기 |

| 날 짜 | 1월 29일 | ☒ |
| 제 목 | 곰 같은 홍길동 씨 귀하 | ☒ |

　귀하께서는 제 질문에 한 번도 대답을 한 적이 없으십니다. 귀하는 제가 무슨 말을 하든지 조금의 관심도 안 보여 주십니다. 귀하는 틀림없이 여러 멘토님들 중에서 가장 무관심한 분이실 겁니다. 귀하께서 저의 멘토가 되신 이유는 어쩌면 저를 복제한 디지털 앵무새를 만들었다는 책임감 때문이겠지요.

　저는 귀하에 대해 아는 게 거의 없습니다. 귀하의 진짜 이름도 모릅니다. 모든 걸 집어 삼키기만 하는 블랙홀에게 쓰는 것 같아 도저히 이메일을 계속 쓸 생각이 들지 않습니다. 귀하께서는 제 이메일을 스팸 메일로 처리하는 게 분명합니다. 앞으로는 정말 꼭 필요한 내용만 이메일로 쓰겠습니다.

　저희 에코는 창업 캠프의 1차 중간 평가를 통과했습니다. 다음 주의 2차 중간 평가까지 통과되면 2월 중에 최종 결선에 나가게 됩니다.

귀하의 성실한
한서연 올림

9장

회사가 망하지 않으려면 뭐가 필수지?

이익

진짜로 돈을 버는 상태란?

보내기		
날 짜	2월 1일	⊠
제 목	곰아지 아저씨께	⊠

   제발 사흘 전의 건방지고 무례하기 짝이 없는 제 이메일을 잊어 주세요. 지울 수만 있다면 지우고 싶어요. 그날, 에코 아이들과 회의를 하고 나서 엄청 스트레스를 받은 데다가 몸살 기운도 있었거든요. 나중에 알고 보니 독감과 장염에 동시에 걸려서 아팠던 거였어요.

   제 방에 꼼짝 않고 누워 있은 지 3일째예요. 엄마한테 오늘 겨우 침대에서 일어나 책상에 앉아도 좋다는 허락을 받았어요. 엄마가 엄청 걱정하셨거든요. 작년 여름 제주도에 놀러 갔다가 저하고 엄마가 코로나에 걸려서 일주일 동안 호텔방에 갇혀 있었어요. 아빠는 옆방에서 혼자 지내셨구요. 아빠 엄마 모두 저한테 혹시 후유증이 남을까 봐 지금 걱정이 많으세요. 저희 작은 고모는 코로나 걸렸다가 나았는데 그 뒤로도 꽤 오랫동안 가슴이 답답하고 늘 피로하셨대요.

 누워 있는 내내 이메일 생각에 괴로웠어요. 저를 부디 용서해 주세요.

죄송한 마음으로 아저씨의 용서를 바라며
한서연 올림

 이틀 후 금요일 저녁, 서연이네를 찾아온 손님이 있었다. 서연이의 큰이모와 이종사촌 언니였다.

 "서연아, 오늘은 좀 어떠니? 얼굴이 아픈 기색이 있다, 얘."

 "서연이, 아파서 어쩌니?"

 서연이는 큰이모와 이종사촌 언니가 반가우면서도 자기에게서 독감을 옮을까 봐 염려가 되었다.

 "이모, 오셨어요? 저한테 혹시 감기 옮으시면 어떡해요?"

 서연이 엄마가 마실 것을 가져오면서 말했다.

"안 와도 된다고 말렸는데, 근처에 지날 일 있다고 병문안 겸 해서 오겠다고 그러지 않니? 수빈이도 요즘 공부가 바쁠 텐데."

서연이의 큰이모네는 서연이 어렸을 땐 가까이 살았지만 지금은 조금 먼 데 살았다. 서연이의 이종사촌 언니인 수빈이는 이제 한 달 뒤면 고등학교 3학년 수험생이 될 예정이었다.

"아니야, 너희들 본 지도 오래 됐고, 마침 수빈이가 이번에 새로 다니게 된 학원이 여기 옆 동네라서. 오래는 못 있고 잠깐 얼굴 보고 가려고."

"언니도 요즘 레슨 많지 않아?"

"얘는, 이제 다 까먹었구나. 대학교 실기 시험이 지난 달에 거의 다 치러져서 별로 안 바빠. 이맘때가 제일 한가해서 온천 여행도 같이 가고 그랬잖니."

서연이 큰이모가 서연이 엄마를 살짝 흘겼다. 서연이 엄마는 민망해하며 말했다.

"그랬었나? 내가 시험 본 게 언제였는지 가물가물해. 요즘은 어제 내가 뭐 했는지도 잘 기억 안 난다니까. 그지, 서연아?"

서연이는 엄마의 말에 난처한 표정을 지어 보였다.

"서연아, 작년에 영재원 다녔다면서? 어땠어?"

수빈이가 서연이 손을 잡으면서 물었다. 둘 다 외동인 데다가 어렸을 때 가까이 살아서 서연이와 수빈이는 서로 친자매처럼 친했다.

"언니, 재미있었어. 선생님도 좋구, 친구들도 많이 생기구."

"나 때는 수학하고 과학만 했는데. 보로노이 다이어그램 배운 거 기억 난다."

"진짜? 보로노이 다이어그램, 니도 배웠어, 언니."

옆에서 듣고 있던 서연이 엄마가 끼어들었다.

"무슨 다이어그램? 그게 뭐니, 수빈아?"

"아 이모, 그건 평면상에 정해진 점이 여럿 있을 때 거리가 가까운 기준에 따라 평면을 나누는 그림이에요. 내 말, 맞지, 서연아?"

"그랬던 거 같아, 언니. 가까이 있는 두 점 사이의 수직이등분선을 그리고 그 수직이등분선들의 교점을 이어 평면을 나누라고 배웠어."

서연이 엄마와 서연이 큰이모는 서로 얼굴을 말똥말똥 쳐다보았다. 딸들의 주고받는 말이 외계어처럼 들린 탓이었다. 불이 붙은 수빈이와 서연이는 오히려 속도를 더 내기 시작했다.

"최근에 알았는데, 게오르기 보로노이가 러시아 수학자로 알려져 있지만 그건 그가 태어난 우크라이나가 당시 러시아에 나라를 빼앗겼던 때라 그렇대. 마치 마라톤 선수였던 손기정 할아버지가 일본에 나라를 빼앗겼을 때인 1936년 베를린 올림픽에 일본 국적으로 참가해야만 했던 것처럼 말이야. 금메달 시상식 때 가슴의 일장기가 부끄러워 꽃다발처럼 받은 묘목 화분으로 일장기를 가린 사진을 보면 가슴이 아파."

"언니, 영재원 수업 시간 때 들었는데, 보로노이에게 아들이 있었는데 러시아로부터 독립하려는 우크라이나 군대에 그 아들이 들어가서 실제로 전투도 치렀대."

더 이상 참지 못하고 엄마들이 아이들의 말을 가로막았다.

"뭐라는 거니? 재미없다, 얘."

"애들은 참, 우리가 낳았지만 가끔은 어디서 나왔나 궁금할 때가 있다니까."

서연이와 수빈이는 서로의 얼굴을 쳐다보며 싱긋 웃었다. 엄마들의 방금 전 말은 이미 여러 번 들어서 익숙한 이야기였다.

"아 참, 너희는 수학이랑 과학 말고도 다른 것도 했다며?"

수빈이가 예전에 들은 기억을 되살리며 관심을 보였다.

"맞아, 언니. 인문, 사회, 예술 같은 것도 배웠어. 경제도 재미있었구."

서연이 엄마가 서연이 말에 덧붙였다.

"그때 경제를 배운 게 좋았는지 이번 겨울방학에 방송사에서 하는 창업 캠프도 다니고 있잖니, 서연이가."

수빈이는 창업이란 말에 급관심을 보였다.

"창업이요? 와, 완선 재미있겠는데. 나 때도 그런 게 있었으면 좋았을 텐데. 부럽다, 서연아."

"오호, 그런 게 있어?"

관심을 보인 건 수빈이뿐만이 아니었다. 서연이 큰이모도 갑자기 관심을 나타냈다. 그럴 만한 이유가 있었다. 서연이 큰이모는 음악학원을 오래 운영해왔다.

"아이, 이모. 우린 그냥 겨울방학 동안 창업을 경험해 보는 거예요."

서연이 엄마가 양념을 쳤다.

"얘, 그래도 너희 벌써 매출도 냈잖니? 얼마라고 했지? 6만 원이라고 했나?"

"응."

서연이 예상에 큰이모가 붙어볼 다음 질문은 이거였다 '무슨 비즈니스를 하는지' 말이다. 서연이가 보기에는 뭘 파는지가 비즈니스에서 가장 중요히기 때문이었다. 서연이의 예상은 보기 좋게 빗나갔다.

"그래서 돈을 정말 벌고 있어?"

서연이는 큰이모의 질문이 이해가 되지 않았다. 바로 전에 매출이 났다는 말을 엄마와 주고받은 걸 큰이모가 못 들었을 리가 없어서였다. 서연이는 눈을 동그랗게 뜨며 큰이모에게 말했다.

"저희 샌드위치 팔아서 그동안 6만 원 벌었어요."

서연이 큰이모는 고개를 가로저었다.

"그건 매출이잖니. 내가 묻는 건 이익이 나고 있느냐는 거야."

서연이는 큰이모가 무얼 말하려고 하는지 흐릿하게 짐작이 갔다.

"아 그건, 아마 그럴 거예요. 저희가 지금까지 나간 돈이 없었거든요."

"그럴 리가 없을 걸. 너희가 판 샌드위치가 하늘에서 뚝 떨어진 게 아니라면 말이야."

서연이는 다시 그동안의 일을 생각해 봤다. 큰이모 말이 완전히 틀린 게 아니라는 걸 깨닫는 데에 그리 오랜 시간이 걸리지는 않았다. 그럼에도 여전히 변명하고 싶은 마음이 들었다.

"저희가 판 샌드위치를 만드는 데 빵이라든가 치즈 같은 음식 재료가 들어간 건 사실이에요. 하지만 그건 집에 있는 걸 가지고 만든 거라, 돈이 들지는 않았거든요."

"이번에 나간 돈이 없다고 해도 그게 공짜라는 얘기는 아니지 않겠어?"

 서연이는 큰이모와 눈이 마주쳤다. 큰이모 눈은 따뜻하게 웃고 있었다.

 "큰이모는 저희가 꾸준히 샌드위치를 만들어 팔려면 어쨌든 재료값으로 나가는 돈이 있기 마련이라는 얘기신 거죠?"

 "맞아. 그런데 그거 말고도 사실 나가는 돈은 또 있어. 서연이 너는 깨닫지 못했지만, 음악학원을 오래 해 온 큰이모 경험으론 반드시 있기 마련이거든."

 서연이는 간식 판매 대신 자기가 음악학원 비즈니스를 한다면 어떤 돈이 들지 생각해 봤다. 한 가지가 먼저 눈에 들어왔다.

 "제가 큰이모처럼 음악학원을 한다면 피아노 같은 악기 사는 데 돈이 들 것 같아요."

 "그렇지, 그게 하나야. 또 있을까?"

 "큰이모네 음악학원이 있는 상가를 빌리는 데도 돈이 들겠죠?"

 "그것도 있어. 너희는 아직 집에서 샌드위치를 만들어 파니까 당장은 돈이 안 드는 것처럼 보이겠지만 비즈니스가 커지면 그 돈도 분명히 들겠지? 그런데 아직 중요한 거 한 가지가 안 나왔네!"

서연이가 생각해 보니 중요한 비용 하나를 빼놓고 있었다.

"큰이모네 학원에서 일하시는 선생님들 월급도 나가야 될 것 같아요."

"거의 다 왔어. 이제 제일 중요한 한 가지만 더 이야기하면 되겠어."

서연이는 다시 골똘히 생각에 잠겼다. 이번에는 아무리 생각해 봐도 그게 뭔지 찾을 수 없었다.

"모르겠어요, 큰이모."

"이런 걸 가리켜 등잔 밑이 어둡다고 하지? 서연아, 큰이모가 왜 음악학원을 하겠어?"

"그건 아마도…. 돈을 벌기 위해서겠죠?"

"물론이지. 그걸로 생활비도 벌고 또 수빈이 학원비도 벌려는 거거든."

수빈이가 찡긋하며 서연이 큰이모를 쳐다봤다. 한편 서연이는 알면서도 모를 것 같은 표정이었다.

"큰이모, 돈을 벌려고 비즈니스를 하는 건 알겠어요. 그렇지만 그게 왜 비용이 되는 건지는 잘 모르겠어요."

"네 말도 맞아, 서연아. 학원을 해서 남는 돈은 진짜 비용은 아니야. 그걸 가리켜 이익이라고 하지. 쉽게 말해 돈이 들어온 매출에서 돈이 나간 비용을 뺀 금액이 바로 이익이야. 그런데 이익이 나지 않으면 내가 학원을 계속할 이유가 없잖니. 예를 들어, 내가 저번 달에 아이들 학원비로 천만 원을 벌었다고 해 볼게. 근데 비용으로 나간 돈이 천만 원이야. 그러면 나한테 남는 돈이 하나도 없잖아. 그럴 바엔 차라리 다른 음악학원에 취직해서 월급을 받는 게 낫지. 그러니까 이익에는 회사를 운영하는 사람의 월급도 포함되어야 한다는 뜻이야."

큰이모에게 자세히 설명을 듣고 나니 이해 못할 이야기는 아니었다. 서연이는 홀가분한 표정을 지었다.

"알겠어요."

서연이 큰이모는 서연이에게 얘기하고 싶은 게 한 가지 더 있었다.

"회사를 할 때 이익이 나는 게 워낙 중요하기 때문에 그때를 가리키는 말도 있어. 바로 손익분기점이야. 손익은 손실과 이익을 함께 부르는 말이고 분기점이란 그 시점부터 회사의 상태가 나뉘어 갈라진다는 뜻이지. 손익분기점을 넘기는 게, 즉 이익이 나는 게 회사에 중요한 또 다른 이유도 있는데 왜 그런 지 아니?"

서연이는 아직 몸이 완전한 상태가 아닌 걸 느꼈다. 보통 때와 달리 깊게 오래 생각하기가 힘이 들었다.

"잘 모르겠어요, 이모."

"그건 이익이 나야 회사가 오래 살아 있을 수 있기 때문이야. 이익이 나지 않고 손해를 보는 회사는 얼마 못 가서 가진 돈이 다 떨어져서 결국 망하고 말거든. 큰이모가 음악학원을 계속할 수 있었던 것도 그동안 이익을 냈기 때문인 거야."

서연이는 몸이 회복되는 대로 에코가 어떤 조건이 만족돼야 손익분기점에 도달할 수 있을지 따져봐야겠다고 생각했다.

보내기	
날 짜	2월 4일
제 목	곰아지 아저씨께

오늘 창업 캠프를 다녀와서 책상에 앉아 창밖으로 쏟아지는 눈을 바라보고 있던 그때, 엄마가 택배 상자를 들고 왔어요. '배 나오고 곰 같은 홍길동'이 도대체 누구냐면서요. 너무나 맛있는 쿠키가 그 안에 들어 있었죠. 고맙습니다, 아저씨. 참 신기하죠? 제가 쿠키를 좋아한다는 걸 어떻게 아셨을까요? 말로 다 할 수 없을 정도로 감사드려요.

아저씨가 제 이메일을 보신다는 걸 알았으니까 앞으로는 더

욱 재미있는 내용으로 이메일을 쓸게요. 별표 태그를 붙여 중요편지함에 보관하실 수 있게요. 대신 떠올리고 싶지조차 않은 며칠 전의 그 이메일은 지우고 휴지통 비우기까지 꼭 해 주세요. 아저씨가 그걸 다시 볼 수 있다는 생각만으로도 죄송하고 부끄러워서요.

  아저씨께 감사의 선물로 아래의 말을 드리고 싶어요. 푸가 한 말 중에 제가 제일 좋아하는 말이랍니다.

"매일 행복하진 않지만 행복한 일은 매일 있어."

아저씨의 안부 선물에 행복한
한서연 올림

민준이는 요사이 마음이 계속 편하지 않았다. 마음이 불편한 건 비단 민준이뿐만이 아니었다. 게임의 나라에서 일하는 모든 아이들이 그랬다. 쉽게 말해 게임의 나라는 어려움에 맞닥트렸다.

민준이를 포함해 게임의 나라에서 월급을 받는 아이들이 느끼는 문제는 한두 가시가 아니었다. 온라인으로 게임 좋아하는 사람들을 많이 모은다는 회사 비전은 하늘에 붕 뜬 구름 같았다.

처음에는 실제로 사람들을 모을 수 있다는 사실이 신기하고 또 그 사람들의 숫자가 늘어나는 것도 신이 났다. 하지만 성장은 금방 멈췄다. 게임의 나라와 비슷한 웹사이트는 이미 여러 개가 있었다. 이미 많은 사람이 모여 있는 곳을 떠나 게임의 나라 같이 회원이 얼마 안 되는 곳으로 옮겨 올 이유는 많지 않았다.

다른 한편으로 게임의 나라에서 하는 일은 단순 반복에 가까웠다. 회사가 성장하고 있다면 몰라도 늘 고만고만한 상태에 머물러 있는 회사의 일은 개인적인 성장노 기대하기 어려웠다. 온라인에서 함께 게임을 하는 모험과 온라인에서 함께 사람을 모으는 모험은 결코 같지 않았다.

게다가 모아 놓은 사람들이 많아질수록 온라인 상의 싸움도 늘어났다. 생각이 다르다고 공격하고 자기보다 아는 게 적다고 깔아뭉개는 사람들은 모임을 망가트렸다. 난장판이 되어 버린 게시판을 정리하는 일은 전혀 즐겁지 않았다.

아이들이 요즈음 힘든 또 다른 이유는 나우주 때문이었다. 원래 나우주가 얄미운 소리 잘하고 자기 생각만 하는 걸 모르는 아이들은 없었다. 특히 심할 땐 적당히 거리를 두고 말을 섞지 않는 게 최선이라는 걸 아이들은 경험으로 알았다.

그런데 게임의 나라를 시작한 뒤로는 그러한 거리를 유지하기가 쉽지 않았다. 인게도 그랬지만 회사의 대표가 된 후로 나우주의 말투나 행동은 눈에 띄게 더 거만해졌다. 카리스마 넘치는 유명한 창업자들을 나우주가 따라 한 탓이었다. 일례로, 나우주는 이전까지 한 번도 입지 않던 목이 긴 검은색 스웨터와 청바지만 날마다 입었다.

　나우주는 나우주대로 마음이 편치 않았다. 게임의 나라는 나우주의 장밋빛 기대와는 달리 성장이 지지부진했다. 나우주가 알고 있는 몇 가지 잔재주만으로는 게임의 나라를 미래의 애플로 만들기에 충분하지 않았다. 또 아이들에게 약속한 월급도 아까웠다. 원래 만 원의 월급을 약속했을 때 했던 생각은 자기 엄마에게 그 돈을 받을 계산이었다. 엄마가 돈을 안 주겠다고 하자 이제는 자기 돈이 나갈 형편이 되어 버렸다.

　봄방학이 며칠 남지 않은 월요일, 나우주가 아이들을 소집했다.
　"오늘 학교 수업 끝나고 모두 모여야 해. 내가 전달할 소식이 있어."
　아이들은 대꾸하지 않고 나우주의 말대로 남았다. 게임의 나라 일이 마음에 들지는 않아도 하기로 약속했으니 창업 캠프가 끝날 때까지는 약속을 지켜야 한다고 생각했기 때문이었다. 아이들이 모두 모이자 나우주는 목을 가다듬고는 말을 시작했다.

"지난 번에 창업 캠프 1차 중간 평가를 통과했던 건 다 알고 있지? 화나게도 이번에 2차 중간 평가가 있었는데 통과하지 못했어. 다행한 건 아직 완전한 탈락은 아니라는 거야. 한 번의 기회가 더 있어. 일주일 동안 부족한 부분을 채워서 내가 다시 발표하러 가야 돼."

갑갑한 침묵이 흘렀다. 아이들은 별로 할 말이 없었다. 처음 시작도 그간의 진행도 모두 나우주의 생각에 따라 이루어진 거였다. 뭐가 어떻게 바뀌어야 하는지 아는 아이가 없는 건 당연했다.

무거운 공기가 싫었던 민준이는 침묵을 깨고 나우주에게 물었다.

"우리가 어떤 부분이 부족하대? 그런 피드백을 들은 게 있어?"

나우주는 민준이를 지그시 바라보며 말했다.

"뭐, 손가락으로 다 셀 수 없을 정도로 많은데, 그래도 그중에서 굵은 것만 추려 보자면, 일단 성장 속도가 전혀 인상적이지 않대. 이런 굼벵이 같은 속도로 성장해서는 결코 유니콘이 될 수 없다는 거지."

나우주의 입에서 다시 유니콘이라는 단어가 튀어나왔다. 아이들은 지난 두 달간 귀에 딱지가 앉도록 그 말을 들었다. 유니콘은 그리스 신화에 나오는 상상의 동물로 이마에 난 뿔이 특징이었다. 나우주에게 유니콘은 전체 지분 가치가 약 1조 원이 넘을 정도로 크게 성장한 스타트업을 가리키는 말이었다.

유니콘을 빼고 나면 나머지는 아이들도 모르지 않는 이야기였다. 게임의 나라 방문자 수와 회원 가입한 사용자 수가 왜 빠르게 늘지 않냐는 나우주의 닦달을 그동안 겪어 왔기 때문이었다. 조형규가 볼멘소리로 투덜댔다.

"누가 그걸 모르나? 그거 말고 어떻게 빠르게 성장할 수 있는지를 알려 주던가."

방법을 모르는 건 나우주도 마찬가지였다. 나우주는 부러 조형규의 투덜거림을 무시하고 말을 계속했다.

"그다음으로, 수익 모델이 불투명하다는 얘기를 들었어."

"수익 모델은 또 뭐임?"

배건우가 담력을 최대로 끌어 모아 나우주에게 물었다. 언젠가부터 배건우는 나우주와 이야기하는 걸 겁내기 시작했다. 오만하고 계산적인 표정으로 쏟아내는 나우주의 한바탕 설교를 들을 각오를 해야 하기 때문이었다.

"하 참, 어떻게 그런 것도 몰라? 이러니 게임의 나라가 이 모양이 꼴인 거야!"

나우주는 그것도 모르냐는 투로 힐난했다. 배건우는 몸을 움츠리며 변명했다.

"그게 뭔지 알려 준 적 없었음."

"어떻게 모든 걸 다 알려 줘? 아는 게 좀 있어야지. 참 나. 이래서 유니콘이 될 수 있겠어?"

비즈니스가 잘될 때는 회사의 모두가 천사처럼 보일 수 있었다. 비즈니스가 잘 안 되기 시작하면 본색이 드러나기 마련이었다. 그러고 나면 사람들 사이의 싸움과 다툼이 뒤따랐다. 사실 수익 모델이 뭔지 잘 모르겠는 건 배건우만이 아니었다. 유세혁과 조형규 그리고 구수호도 마찬가지였다. 셋은 배건우 혼자 욕먹고 있는 게 불편했지만 앞으로 나설 자신은 없었다.

민준이도 수익 모델이란 말을 들어본 적 없기는 매한가지였다. 하지만 짚이는 게 있었다. 약 2주 전에 외할아버지를 찾아뵈었을 때 들은 이야기 덕이었다.

"친구 사이에 너무 그런 식으로 몰아세우지는 마. 수익 모델이란 게 어떻게 돈을 벌건지 그 방법을 말하는 거 아니야?"

나우주 얼굴에 기특하다는 미소가 떠올랐다.

"바로 그거야. 역시 송민준은 그래도 좀 쓸 만하네."

자기가 대표니까 함부로 말해도 된다고 나우주는 생각하는 듯했다. 민준이는 나우주의 때아닌 칭찬이 거북했다.

"우리 회사가 지금 상태가 좋지 않은 건 모두 동의하지? 그래서 대표인 내가 두 가지 중요한 사항을 오늘 발표하려 해. 회사가 어려울 때 대표, 즉 경영자는 어려운 결정을 내려야만 해. 아무나 쉽게 할 수 없는 결정을 과감하게 내리는 게 바로 경영이야. 하늘이 내린 타고난 경영자는 혼자만의 힘으로 시시한 회사를 위대한 회사로 탈바꿈시킬 수 있지. 난 세상에서 경영자가 제일 중요한 사람이라고 생각해. 다른 건 다 하찮은 일이지."

자신의 경영자 찬양이 아이들에게 어떻게 들릴지 나우주가 생각해 본 적이 없는 건 분명했다. 누군가를 높이 사는 마음은 그의 말이 아닌 행동이 본받을 만할 때 생겨나기 마련이었다. 나우주의 설교는 계속되었다.

"너희들, 넷플릭스 들어 봤지? 넷플릭스가 원래는 뭐 하는 회사였는지 알아?"

아이들은 별다른 반응을 보이지 않았다.

"당연히 모르겠지? 내가 알려 주지. 넷플릭스는 원래 DVD를 우편으로 배송해 주는 비즈니스를 했지. 시시하지? 넷플릭스가 처음 생겼을 때 미국에는 블록버스터라는 체인점이 있었지. 블록버스터는 원래 초대형 폭탄을 가리키는 말이었지. 블록이 도시의 구획을 뜻하고 버스트가 박살낸다는 뜻이지. 군사 목표물

만 정밀하게 폭격하는 게 아니라 군인, 민간인 가리지 않고 모든 걸 파괴하려는 거지. 그러니까 블록버스터는 도시 구획 하나를 통째로 날릴 정도로 강력한 폭탄이었지.

그러다 블록버스터는 크게 대박 난 영화를 가리키는 말로도 사용이 되기 시작했지. 체인집 블록버스터는 사람들이 히트 친 영화의 비디오테이프를 돈 내고 빌리러 가던 곳이었지. 블록버스터는 미국 곳곳에 없는 곳이 없을 정도로 쫙 깔려 있었지. 그랬던 블록버스터는 지금은 어떻게 됐지? 망했지. 넷플릭스가 자신의 수익 모델을 바꿨기 때문이지. 영화를 건건이 빌리는 게 아니라 매달 일정한 돈을 내고 무제한으로 보는 일명 구독 모델을 내놓았기 때문이지. 그게 가능했던 이유가 바로 넷플릭스의 창업자인 리드 헤이스팅스 덕분이지. 헤이스팅스는 진정한 경영자였던 거지."

나우주는 말을 잠시 멈추고 숨을 골랐다. 설교는 다시 이어졌다.

"얘기를 꺼낸 김에 한 가지를 더 알려 줄게. 넷플릭스가 했던 것처럼 원래 수익 모델을 다른 길로 바꾸는 걸 뭐라고 하는지 알아? 피벗이라고 해. 피벗. 리듬체조에서 한 발로 도는 걸 본 적 있을 거야. 그게 바로 피벗이거든. 피벗은 위치는 바꾸지 않으면서 회전하는 걸 말해. 그러니까 비스니스에서 피벗은 회사가 이

전과는 다른 새로운 수익 모델을 시도해 보는 거야."

아이들은 그저 가만히 듣고 있었다. 이제 때가 되었다는 듯 나우주는 중요한 사항의 발표를 시작했다.

"그래서 첫 번째로 발표할 사항은 바로 게임의 나라의 피벗이야. 나는 게임 아이템의 거래를 게임의 나라의 새로운 수익 모델로 삼을 생각이야. 혹시 질문 있어? 있으면 해."

나우주의 목소리 톤은 비장했다. 민준이는 물어보고 싶은 게 있었다.

"2차 중간 평가를 일주일 뒤에 한 번 더 받을 수 있다고 했잖아. 그때까지 새로 정한 수익 모델로 뭔가 달라진 결과를 보여 줄 수가 있어?"

나우주는 대수롭지 않다는 듯 말했다.

"일주일 만에 지표를 만들어 보여 줄 방법은 없어. 그냥 새로운 수익 모델로 피벗하기로 했다는 거 가지고 발표를 할 거야."

구수호가 굼뜨는 말투로 물었다.

"새로 하겠다는 게 잘될지 어떻게 알아?"

"애플을 세운 스티브 잡스의 말을 대답으로 대신할게. 네가 정말로 원하면 너는 하늘을 날 수 있어. 너는 그저 너 자신을 아주 많이 믿어야 하지."

구수호는 소리 없이 입을 실룩거렸다. 다시 나우주의 시간이 돌아왔다.

"회사가 어려울 때 경영자가 쓸 수 있는 방법은 피벗이 전부가 아니야. 중요한 한 가지 방법이 더 있어. 바로 구조 조정이야."

이번에는 조형규가 나섰다.

"구조 조정? 그건 또 뭐 하는 거야?"

"비즈니스가 잘 안 되면 회사가 손실을 보잖아. 회사가 돈을 잃는 거지. 그런 상태가 계속되면 결국은 망하겠지? 마치 블록버스터가 2014년에 문을 닫은 것처럼 말이야. 그런데 새로운 수익 모델을 시도하려고 해도 거기에 들어갈 돈이 없을 수 있잖아."

"그야 그렇겠지."

"새로 투자를 하겠다는 사람이 있으면 문제가 없어. 그러나 비즈니스가 잘 안 돼서 피벗하는데 새로운 투자자가 나타나기가 쉽지는 않아. 구조 조정은 비전이 없는 사업부를 다른 회사에 팔거나 회사가 가시고 있는 자산을 팔아서 돈을 마련하는 기야. 몸에 붙은 군살을 덜어 내는 거랑 같다고 볼 수 있지."

아이늘은 게임의 나라에서 구조 조정할 부분이 뭘까 생각해 보았다. 게임의 나라에 팔 게 아무것도 없다는 걸 깨닫는 데 오랜 시간이 걸리지는 않았다. 유세혁이 빈준이와 눈을 마주치며 말했다.

"우린 팔 게 아무것도 없는데."

"맞아, 게임의 나라에는 팔 게 아무것도 없어. 그렇다고 이대로 갈 수는 없어. 경영자는 회사를 위해서 힘들지만 어려운 결정을 내려야 해. 그게 내가 두 번째로 발표할 사항이야. 오늘로 조형규와 배건우는 해고야."

해고가 무얼 뜻하는지 깨닫는 데에는 시간이 조금 걸렸다. 배건우가 눈을 끔뻑거리며 나우주에게 물었다.

"나보고 회사를 그만두라는 거임?"

"응. 내가 보기에 너하고 조형규는 그동안 게임의 나라에 별로 도움이 되질 않았어. 게임의 나라가 아직 돈을 벌고 있지 못하는데 월급이 계속 나가는 것도 부담이고. 때론 말이야, 삶이 네 머리를 벽돌로 때릴 수 있어. 그럴 때 필요한 건 믿음을 잃지 않는 거지. 잡스가 한 말이야. 잡스도 애플에서 해고됐던 게 자기한테 벌어질 수 있는 최고의 일이있다고 말했거든."

자기한테 무슨 일이 벌어졌는지를 알아차린 조형규의 얼굴은 울그락불그락했다. 평소라면 큰소리를 냈겠지만 너무 놀란 나머지 씩씩대기만 했다. 기분이 완전히 상해버린 건 배건우와 조형규뿐만이 아니었다.

"야야, 그럴 거면 나도 그만 둘래. 월급 만 원 안 받으면 그만이야."

"나도 안 하고 싶어. 그만 둘게."

유세혁과 구수호도 회사를 나가셨다고 선언했다. 나우주는 흠칫 놀란 표정이었다. 자기가 정하면 그걸로 끝인 줄 알았던 탓이었다. 이제 남은 사람은 민준이뿐이었다. 아이들의 시선은 민준이에게로 쏠렸다. 유세혁이 민준이에게 물었다.

"넌 어떻게 할 거야?"

민준이는 뜻밖의 난리에 정신을 차릴 수가 없었다. 나우주의 말과 행동이 거슬리는 부분이 있었지만 같이 하면서 배우는 부분도 없지 않았다. 이 시점에 조형규와 배건우를 해고하는 게 최선의 결정인지는 의문이었다. 자기가 나우주였다면 같이 힘을 합칠 방법을 찾아보려 했을 것 같았다.

친구들 편들어 주느라 그만두겠다고 한 유세혁과 구수호 마음도 이해가 갔지만 한편으로 무책임한 것 같다는 생각도 들었다. 지난 두 달간 애쓴 일의 최종 결과를 보고 싶은 마음도 있었다. 민준이는 온몸에 힘을 준 채로 천천히 말했다.

"나는 캠프 끝날 때까지 하고 싶어."

11장

창업 캠프의 우승팀은 과연 어딜까?

잣대 비즈니스의 성공을 판단하는 기준은?

마침내 창업 캠프의 마지막 날이 되었다. 민준이의 마음은 뿌듯하면서도 한편으로는 무거웠다. 민준이는 지난 석 달 간의 일을 떠올리며 집을 나섰다.

그사이 게임의 나라는 다행히 추가 2차 중간 평가를 통과했다. 연락받은 결과에 의하면 오늘의 최종 결선에 참가하는 팀은 모두 열한 팀이었다. 그중 여덟 팀이 한 번에 통과했고 세 팀이 게임의 나라처럼 재평가를 거쳐 올라왔다. 아이들 사이에는 재평가를 통과하지 못한 팀이 두 팀 있었다는 소문도 떠돌았다.

민준이가 참가한 창업 캠프는 여러 가지 면에서 특이했다. 우선 캠프의 일정만 아이들에게 미리 알려 줬을 뿐 구체적인 내용이나 진행 방식 등은 알려 주지 않았다. 아무런 정보 없이 캠프에 와서 갑작스레 주어진 과제를 하는 일도 흔했다. 캠프의 활동 자체가 스타트업의 하루하루를 닮도록 만들어진 듯했다.

그런 만한 이유가 있었다. 스타트업이 커 나가는 과정은 잘 닦여 있는 고속도로를 스포츠카를 타고 쾌적하게 달리는 것과는 거리가 멀었다. 그보다는 어쩌면 지프를 타고 길이 없는 오프로드를 덜컹대며 주파하는 일에 가까웠다. 멀미도 나고 진흙 구덩이에 빠지기도 하고 때로는 엔진이 멈추거나 바퀴가 펑크 나거나 차체가 아예 뒤집어지기도 했다. 대신 그러한 가시밭을 헤치고 목적지에 도달했을 때 느끼는 기쁨은 다른 것과 비교도 되지 않을 만큼 진했다.

오늘 결선도 날짜와 모이는 장소만 알려 줬을 뿐, 어떤 방식으로 진행되는지 그리고 어떤 기준으로 평가가 이루어지는지 민준이를 포함해 모든 아이들이 알지 못했다.

"게임의 나라, 왔어요?"

캠프 최종 결선을 진행하는 행사 요원이 대기실에서 기다리고 있던 게임의 나라를 불렀다. 대기실에 들어가기 전 민준이는 최종 결선에 진출한 열한 팀이 모두 대기실에 있으리라 짐작했었다. 이상하게도 대기실에는 민준이네 외에 다른 한 팀만 더 있을 뿐이었다. 민준이 옆자리에 앉아 있던 나우주가 번쩍 손을 들면서 대답했다.

"네, 여기 왔어요."

"10분 뒤에 발표가 있으니 준비하세요."

나우주는 황급히 진행 요원에게 물었다.

"발표 시간은 얼마나 돼요?"

"발표 시간은 5분이에요."

진행 요원을 뒤따라 들어온 좀 더 나이 많아 보이는 어른이 말을 보탰다.

"발표가 끝나지 않아도 5분이 지나면 마이크가 꺼져서 더 말하고 싶어도 할 수 없게 될 거예요. 그러니까 무대 앞쪽에 놓여 있는 타이머 보면서 시간을 잘 맞추도록 하세요. 그리고 발표가 끝나면 5분간 심사 위원과 일반인 판정단의 자유로운 질문이 있을 거예요. 그게 끝나고 나면 10분 동안 심사 위원과 캠프를 마무리하는 시간이 있어요. 그 뒤로는 집에 가도 좋아요."

진행 시간에 대한 안내는 꽤나 상세했다. 그러나 나우주가 제일 궁금해하는 내용은 안내가 없었다.

"저, 순위 발표와 시상식은 어떻게 되는 거예요?"

나이 많아 보이는 어른은 그럴 줄 알았다는 표정을 지으며 대답했다. 비슷한 질문을 한 게 나우주가 처음은 아닌 듯했다.

"시상식은 따로 없어요. 결과는 심사 위원과 함께 하는 캠프 마무리 시간에 이야기 들을 수 있을 겁니다."

나우주는 이해가 안 된다는 듯 툴툴댔다.

"칫, 뭐 이런 게 다 있어? 시상식이 없다는 게 말이 돼?"

민준이는 건성으로 나우주의 구시렁에 장단을 맞춰 주었다. 나우주보다 정도는 덜하지만 게임의 나라가 몇 등을 했을지 민준이도 궁금하지 않은 건 아니었다.

나우주의 발표는 특별히 흠잡을 데 없이 이루어졌다. 며칠 사이에 나우주는 스티브 잡스가 한 말 몇 가지를 더 외워 왔다. 게임의 나라가 받은 질문도 대체로 무난했다. 대부분의 질문은 게임 아이템에 대한 거였다.

질문 시간이 끝나자 진행 요원은 민준이와 나우주를 새로운 스튜디오로 데리고 갔다. 그곳에는 안을 들여다볼 수 없는 각각 1번, 2번, 3번의 번호가 붙어 있는 통 세 개가 놓여 있었다. 마치 통 안에 들어서 노래를 부르는 프로그램 촬영장 같았다. 예상 밖의 모양새에 어리벙벙해진 민준이와 나우주는 어쩔 줄을 몰라 했다.

갑자기 스튜디오 안에 기계로 합성된 목소리가 울려 퍼졌다.

"여러분이 게임의 나라, 맞죠?"

나우주가 주위를 두리번거리며 대답했다.

"네, 맞아요. 제가 게임의 나라 대표인 나우주예요."

다시 기계 목소리가 들려왔다.

"지난 겨울방학 동안 캠프에서 고생 많이 했어요. 특히 우리 게임의 나라는 결선까지 진출했으니까 잘한 거예요. 캠프의 심사 위원으로서 먼저 칭찬해 주고 싶어요."

민준이가 둘러보니 1번 통을 둘러 싼 전구에 불이 들어오고 있었다. 아마도 1번 통 안에 들어가 있는 사람이 말한다는 뜻일 것 같았다. 얼굴도 보여 주지 않고 목소리도 변조한 이유는 누가 봐도 분명했다. 누가 통 안에 있는지 알지 못하게 하려는 거였다.

이번에는 2번 통에 불이 들어왔다. 하지만 변조된 목소리는 아까 1번 통과 똑같았다.

"우리가 왜 이런 통 안에서 얘기를 하는지 궁금하겠죠? 얼굴과 목소리는 공개하지 않기로 했지만 간단히 우리가 어떤 사람인지는 소개하도록 할게요. 저는 벤처캐피털리스트예요. 스타트업에 투자를 하고 성장을 돕는 일을 하고 있지요. 제 양 옆의 1번과 3번 통에는 각각 유명한 창업자 분과 교수님이 들어가 계세요. 교수님도 한 말씀 하시겠어요?"

"안녕하세요. 그동안 계속 멀리서만 지켜봐 왔는데 오늘 이렇게 직접 앞에서 발표도 듣고 하니까 반갑네요."

3번 통에 불이 들어왔다가 꺼졌다. 목소리는 셋 다 똑같았다. 나우주는 어디를 바라보고 얘기를 해야 할지 조바심을 내며 물었다.

"결선에 오른 열한 팀 중에서 저희는 몇 등인가요? 그걸 빨리 알고 싶어요."

기계음이 다시 들리기까지 몇 초의 시간이 흘렀다. 1번 통의 불이 켜졌다.

"보통 이런 캠프나 스타트업 선발 대회를 하면 순위를 매기죠. 심사 위원 각각이 점수를 주고 그 점수를 합산해 높은 순으로 등수를 정하고요. 예전에 저도 그렇게 많이 했었어요. 당연하다고도 생각했었고요. 그런데 이번에 창업 캠프를 처음부터 이끌어 주신 자문 위원장님과 여러 사분 위원님들 그리고 여기 계신 다른 심사 위원 두 분과 함께 머리를 맞대고 고민하다 보니 그게 피신은 아니라는 생각을 하게 되었어요."

3번 심사 위원이 말을 이어받았다. 불만 번갈아 켜지면서 똑같은 목소리가 들리다 보니 마치 성능 좋은 챗봇이 음성 변환 프로그램을 통해 이야기하는 것 같았다.

"등수를 매기게 되면 거의 반드시 뒤따르는 일이 있는데 그건 등수를 일종의 지위나 계급처럼 여기는 거예요. 2등은 1등보다 덜 중요하고 3등은 2등보다도 더 덜 중요하며 등수에 들지 못한 사람은 아예 하찮다고 생각하는 거죠. 우린 그게 오히려 문제라고 생각했어요."

너무 기가 막혔는지 나우주의 입이 쩍 벌어졌다. 방금 들은 이야기는 나우주의 건전한 상식에 한참 어긋났다. 다른 때라면 당장 얄밉게 따져야 나우주다웠다. 지금은 그럴 수 없었다. 앞에 있는 챗봇 같은 세 사람이 결과를 결정하는 심사 위원이라는 계산이 삽시간에 이루어진 탓이었다.

처음에 충격을 받은 건 민준이도 다르지 않았다. 그러나 이내 호기심을 느꼈다. 민준이는 쭈볏거리며 손을 들고 말했다.

"저, 저는 송민준이라고 하는데요, 저도 물어봐도 돼요?"

나우주의 쏘아보는 눈빛이 민준이에게 날아와 꽂혔다. 민준이는 애써 나우주의 눈길을 무시했다. 2번 심사 위원이 대답했다.

"송민준 학생도 게임의 나라를 같이 한 거죠? 그렇다면 물론이에요. 뭐든지 물어봐도 좋아요."

용기를 얻은 민준이는 바로 전보다는 큰 목소리로 물었다.

"성적에 따라 순위를 매기는 건 당연한 거 아닌가요? 순위가 없으면 누가 더 잘하고 못하는지를 알 수가 없잖아요. 저는 순위를 매기는 게 공정하다고 생각했는데요."

말을 마친 민준이는 옆자리의 나우주를 돌아봤다. 나우주는 속이 다 시원하다는 표정을 짓고 있었다. 곧바로 1번 통에 불이 들어왔다.

"그런 게 필요한 때도 물론 있지요. 운동 경기가 대표적인 예예요. 가령, 100미터 달리기는 말 그대로 100미터를 누가 더 빨리 달리나를 겨루는 경기죠. 그래서 100미터를 달리는 데 걸린 시간이 짧은 순으로 순위가 결정돼요.

그런데 창업과 비즈니스는 그렇게 단순한 대상이 아니라는 게 문제예요. 우리가 고민한 부분이 바로 그런 거지요. 송민준 학생은 비즈니스의 잘하고 못하고를 어떻게 정할 수 있다고 생각하나요?

한번 예를 들어 볼까요? 찰리와 델타라는 두 개의 비즈니스가 있다고 해 봐요. 각각이 회사나고 생각해도 좋아요.

찰리는 음식 맛에 목숨을 거는 식당이에요. 찰리의 음식을 너무 좋아해서 줄을 서야 해도 사람들이 기꺼이 오래 기다려 먹을 정도죠. 돈 많은 사람들은 찰리의 주인에게 돈은 자기가 댈 테니 식당 규모를 키우고 체인점도 하자고 꼬드기죠. 하지만 찰리 주인은 그럴 생각이 없죠. 지금 하고 있는 걸로 생활에 불편이 없는 데다가 점포를 늘리면 맛을 유지하기가 쉽지 않다고 생각해서죠.

델타는 여러 면으로 찰리와 반대되는 식당이에요. 델타의 가장 큰 관심사는 점포 수를 늘리는 거죠. 델타의 음식을 먹은 사람들은 그 맛에 시큰둥하죠. 델타의 주인은 돈만 될 것 같으면 음식의 종류를 가리지 않고 계속 새로운 체인점을 내죠. 송민준 학생은 찰리와 델타 중 어느 쪽이 더 좋다고 생각해요?"

민준이는 망치로 머리를 얻어 맞은 것처럼 띵했다. 1번 심사 위원의 질문은 대답하기가 쉽지 않았다. 그동안은 그저 남들이 이야기하는 대로 막연하게 돈을 잘 버는 비즈니스가 좋은 거라고 받아들였을 뿐이었다. 민준이는 부끄러움에 얼굴이 화끈거렸다.

그때 이쯤에서 한마디해도 크게 자신에게 해가 되지 않는다고 판단했는지 나우주가 다시 등장했다.

"비즈니스는 돈을 얼마나 많이 버는지로 좋고 나쁘고가 결정되어야 하는 거 아닌가요? 돈은 그저 많이 벌수록 좋은 거잖아요. 비즈니스는 돈을 벌기 위해 하는 거구요."

이번엔 3번 통에 불이 들어왔다.

"지금 한 얘기를 실제로 아무렇지 않게 하던 때가 있었어요. 바로 20세기에 그랬죠. 이제는 다르죠. 지금은 21세기니까요. 21세기에 그런 말 하면 창피한 일이죠.

2019년에 무슨 일이 있었는지 알아요? 미국에 비즈니스라운드테이블이라는 행사가 있어요. 미국의 가장 중요한 회사들의 최고경영자와 창업자들이 모이는 자리지요. 거기서 회사의 주주가 돈을 버는 게 다른 어떤 것보다 우선한다는 20세기의 선언문을 폐기하고 새로운 선언문을 발표했어요. 이제 회사는 주주만 위하면 안 되고 소비자, 직원, 협력업체, 공동체에 주주에게 하는 것처럼 헌신해야 한다는 거였죠. 이러한 21세기의 선언문에 서명한 사람은 아마존의 제프 베이조스와 애플의 팀 쿡을 비롯해 제너럴모터스, 듀퐁, 골드만삭스, 제이피모간 등의 최고경영자가 포함되었죠."

나우주는 들은 이야기가 마음에 들지 않는다는 듯 실쭉거렸다. 2번 심사 위원이 배턴을 이어받았다.

"등수를 매기는 건 또 다른 문제가 있어요. 실세보는 서의 차이가 없지만 등수로는 크게 차이가 있을 수 있는 거예요. 가령

골프라는 사람이 5천만 원을 벌고 호텔이라는 사람이 5천5백만 원을 벌었다고 해 봐요. 둘이 번 돈은 5백만 원밖에 차이가 나지 않지만 그걸 가지고 등수를 매기면 둘의 등수 차이는 굉장히 클 수 있어요. 등수는 절대적인 상태에 깜깜하고 상대적인 서열에만 눈을 뜨고 있기 때문이지요.

아무튼 우리는 창업과 비즈니스에 등수를 매기는 건 미숙하고 잡스러운 일이라고 결론을 내렸어요. 비즈니스는 그렇게 등수를 매길 대상이 아니라는 거지요. 있는 그대로 말하자면, 매출이나 이익이 1등인 회사 중에 존재가 민폐 그 자체인 회사가 꽤 있고 또 등수를 매길 수조차 없는 작은 회사 중에 보석 같은 회사가 없지 않아요. 다르게 말하면 비즈니스는 다차원의 존재라는 거예요.

그래서 등수 대신 세 가지 기준에서 여러분이 어떠했는지를 평가해 알려 주기로 결정했어요. 우리가 생각한 비즈니스의 세 가지 기준은 첫째, 비즈니스를 하는 사람들이 행복한가, 둘째, 비즈니스가 돈을 얼마나 버는가, 셋째, 비즈니스가 다른 사람들에게 이로움을 가져다 주는가예요.

그리고 우리는 우리 세 명 중 두 명이 좋다고 평가하면 좋음, 그리고 세 명 다 좋다고 평가하면 매우 좋음이라고 알려 주기로 했어요. 한 명만 좋다고 하거나 좋다고 한 심사 위원이 한 명도 없으면 아무것도 이야기하지 않는 거고요. 좋음이나 매우 좋음이 나왔으면 그게 현재 여러분의 장점이나 혹은 기대되는 부분이라고 이해하면 좋을 것 같아요."

2번 심사 위원은 잠시 말을 멈췄다가 다시 계속했다.

"그러면 우리가 보기에 게임의 나라가 어땠는지 1번 심사 위원께서 발표하시죠."

"네, 발표하겠습니다. 첫째 기준이 비즈니스를 하는 사람들이 행복한가인데, 처음에 같이 했던 친구들 중에 그만둔 사람들이 있었죠? 첫째 기준은 할 말이 따로 없네요.

둘째 기준이 비즈니스가 돈을 얼마나 버는가였죠? 둘째 기준도 따로 할 말이 없어요.

마지막 셋째 기준은 비즈니스가 다른 사람들에게 이로움을 가져다 주는가인데, 셋째 기준에서도 할 말이 없습니다."

심사 위원들의 평가 결과가 분했는지 나우주는 얼굴을 심하게 구겼다. 3번 통에 다시 불이 들어왔다.

"아, 한 가지가 더 있어요. 여러분의 비즈니스에 대해 100명의 일반인이 어떻게 생각하는지 우리가 의견을 받았어요. 밀하자면 일반인 판정단 같은 거지요. 일종의 인기 투표 같은 거라고 생각해도 좋아요."

민준이는 아까 나우주가 발표할 때 앞에 앉아 있던 사람들을 떠올렸다. 아마도 그 사람들이 일반인 판정단일 듯했다. 나우주는 여기에라도 희망을 거는 듯 물었다.

"그러면 게임의 나라는 인기 투표에서는 몇 등을 했나요?"

"나우주 학생은 아까 우리가 한 말을 잘 듣지 않았군요. 우린 등수를 매기지 않을 거라고 말했을 텐데요. 일반인 판정단의 결과도 등수 없이 숫자만 알려 줄 뿐이에요. 우리가 일반인 판정단에게 물어본 질문은 이거예요. 여러분이 파는 물건이나 서비스를 실제로 돈 내고 사고 싶은지였죠. 게임의 나라는 여기서 한 표를 받았어요."

나우주가 입술을 깨무는 걸 민준이는 바라봤다. 민준이의 마음은 홀가분했다.

12장

시작이 있으면 끝도 있는 거야

필업
창업은 어떻게 마무리해야 하는 걸까?

방송사 로비에서 기다리던 서연이 엄마는 저 멀리 복도 끝에서 친구들과 걸어 나오는 서연이를 발견했다.

"서연아, 여기야, 여기!"

"엄마."

"잘 끝났어? 그동안 애썼어."

그런 말로 서연이 엄마의 짠한 마음을 충분히 전하기는 쉽지 않았다. 서연이는 친구들을 마중 나온 친구 엄마들께도 인사를 드렸다. 친구들과 잘 가라는 인사를 나눈 후 서연이는 주위를 살폈다. 서연이 얼굴에는 실망한 기색이 역력했다. 서연이 엄마는 서연이 마음을 지레 넘겨짚었다.

"아빠는 방송사로 직접 온다고 했는데, 좀 전에 전화해 보니 곧 도착하실 거래."

"아빠 정말 바쁜가 봐, 이번 겨울방학 내내 얼굴 보기가 너무 어려워."

"그러게 말이다. 엄마도 얼굴 잊어버리겠다니까. 캠프 결과는 잘 나왔니? 결과가 좋으면 나중에 자기 소개서 같은 거 쓸 때 도움이 될 텐데."

서연이는 캠프 결과를 엄마한테 어떻게 설명해야 할지 난감했다. 엄마가 뭘 듣고 싶어할지는 서연이도 모르지 않았다.

"그게 엄마, 설명하기가 좀 까다로운데 우리 에코는 세 가지 평가 기준 중에서 첫 번째 기준인 '비즈니스를 하는 사람들이 행복한가'에서 좋음 평가를 받았어. 나머지 두 가지 기준에서는 별로였는지 좋음 평가를 받지 못했어."

"무슨 소리야, 그게? 그래서 몇 등인데?"

"등수는 없네. 등수를 매기지 않고 절대 평가만 하기로 했다던데."

서연이 엄마는 서연이의 설명을 한참 듣고도 잘 이해가 안 된다는 표정을 지었다. 그렇지만 서연이 엄마는 더 이상 묻지 않았다. 결과가 무엇이든 산에 시작했던 걸 무사히 끝낸 것만으로 충분했다.

"아무튼 한서연, 이번 겨울방학 동안 창업 캠프 다닌다고 고생 많이 했어. 네가 끝까지 열심히 하는 모습을 봐서 엄마는 아주 기뻐."

"고마워요, 엄마. 오븐 태워 먹은 건 미안해."

"그 얘기는 하지 마렴. 눌어붙은 거 닦느라 고생한 거 생각하면 지금 다시 화가 나려고 하네."

말은 그렇게 했지만 서연이 엄마 눈은 화나 있지 않았다. 그보다는 다른 게 궁금해지기 시작했다.

"그러나저러나 너희 아빠는 왜 안 오는 거니?"

"그러게. 나 배고픈데, 내가 전화해 볼까?"

"그래, 한번 해 봐."

서연이가 아빠에게 전화를 걸었지만 신호만 계속 갈 뿐이었다.

"아빠, 안 받는데."

"전화를 걸면 제때 받아야지. 뭐하고 있는 거야, 답답하게?"

"운전 중이라 전화 받기 어려운가? 아빠가 전화 와 있던 거 보면 걸겠지, 엄마."

서연이 엄마는 피식 싱거운 웃음이 났다. 서연이 엄마가 서연이 아빠 흉을 볼라치면 서연이는 거의 어김없이 아빠 편을 들었다.

"너 지금 아빠 편들어 주고 있는 거니? 엄마, 서운하다, 얘."

"아빠 오겠지 모. 조금만 더 기다려 봐요, 엄마."

난데없이 뒤쪽에서 소리가 들려왔다.

"서연아."

"아빠, 언제 왔어요?"

"아니, 어디서 나타난 거예요? 전화는 왜 안 받아요?"

서연이 아빠는 계면쩍은 표정을 지었다.

"전화를 했었나? 빨리 오느라 그랬지요. 오랜만에 식구들 모두 모였는데 저녁이나 밖에서 하고 들어갈까요?"

"좋아요, 아빠."

"뭘 먹으면 좋을까? 서연이 먹고 싶은 거 있어?"

"난 다 좋은데. 엄마는 뭐가 좋을 것 같아요?"

서로서로 다른 식구들의 의견을 묻느라 한참 시간이 흘렀다. 서연이네 가족의 결정은 중국집이었다.

"여기 이런 데가 있었어요? 처음 알았네."

새로 생긴 뜨끈하는 음식점은 거의 대부분 안다고 자부하던 서연이 엄마가 놀라워했다. 방송사에서 가까운 이곳으로 가자고 한 서연이 아빠가 변명하듯 말했다.

"얼마 전에 여기에 한 번 온 적이 있었어요. 그때 보니 실내도 깨끗하고 맛도 괜찮더라구. 언제 기회 되면 식구들 데리고 와야지 했지요."

"그랬구나. 서연아, 아빠가 우릴 잊은 건 아니었나 보네."

서연이 엄마의 장난스러운 타박에 서연이 아빠가 어쩔 줄 몰라 했다.

"아니, 그게 무슨? 괜찮은 데 알게 되면 꼬박꼬박 데리고 갔는데."

"요새 하도 바빠서 가족들 생사를 잊었나 했지."

"생사라니, 참."

반박을 하면서도 서연이 아빠는 속으로 뜨끔했다. 지난 몇 달간 서연이 아빠가 일에 푹 빠져 지낸 건 사실이었다. 서연이 엄마는 서연이 아빠를 흘긋 보며 말했다.

"오늘 서연이 종업식 한 건 알아요?"

"아, 그랬나? 그럼 중국집으로 오길 잘했네. 원래 졸업식 같이 뭔가가 끝나는 날에는 짜장면 먹는 게, 그걸 뭐라고 하지, 국룰이라고 하나? 암튼 그런 거거든요."

서연이가 의아하다는 듯 물었다.

"그런 게 있었어요? 난 처음 듣는데."

"물론 꼭 그렇게 해야 한다는 규칙은 없는데, 그래도 옛날부터 많이 그래왔어."

서연이 엄마가 옆에서 거들었다.

"그게 서연아, 옛날 엄마 자랄 때도 그러긴 했어. 근데 지금 생각해 보면 그땐 먹으러 갈 때가 중국집 밖에 없어서 그랬던 것 같아."

서연이는 눈을 껌벅였다. 잘 소화가 안 되는 이야기를 들었을 때 나오는 서연이의 버릇이었다. 그동안 식구들에게 소홀했던 게 여전히 미안쩍었던 서연이 아빠는 조금 전에 들었던 얘기를 잊지 않았다.

"어쨌거나 우리 서연이가 이제 5학년을 마쳤구나. 수고했다, 서연아."

"이제 봄 방학 지나고 나면 초등학교 마지막 학년이 되는 거예요. 서연이 초등학교 처음 입학하던 때가 엊그제 같은데 벌써 5학년을 마쳤다니 시간이 참 빨리 가는 것 같아요."

"그러게 말이에요. 시작이 있는 건 끝이 있기 마련이니까."

서연이 아빠도 감개무량하다는 표정이었다. 서연이는 조금 달

210

랐다. 서연이가 느끼기에 지난 5년이 빠르지는 않았다. 서연이에게는 온갖 기억들로 가득 찬 길고도 긴 시간이었다. 그중에서도 지난 3개월은 유달리 길었다. 그만큼 애쓴 일이 많다는 뜻일 터였다.

"아빠, 우리 팀이 창업 캠프에서 몇 등 했는지 안 궁금해요?"

"글쎄, 어떤 결과가 나왔어?"

서연이는 아빠가 먼저 물어보지 않은 게 서운했다. 토라진 마음에 세 가지 기준을 읊을 의욕은 도무지 나지 않았다.

"치, 별루다. 우린 일반인 판정단 투표에서 열한 표 받았어요. 행사 진행하는 언니 말로는 이 정도면 잘한 거래."

서연이 엄마가 놀란 표정으로 물었다.

"그건 또 뭐니? 참 희한하게도 일을 한다. 등수는 안 매긴다면서 또 무슨 가면 쓰고 노래 부르는 프로그램도 아니고 일반인 판정단이 웬 말이야?"

"아무 상관없는 일반인 100명이 우리 샌드위치를 실제로 돈 내고 사 먹고 싶은지를 투표한 거야. 팀 발표 때 나하고 황이서 하고 우리가 만드는 샌드위치가 얼마나 맛있고 몸에 좋은지를 열심히 설명했는데 그걸 좋게 봐 준 것 같아."

서연이 엄마는 창업 캠프의 일반인 판정단 투표가 뭘 의도했는지 짐작이 갔다.

"시청률 비슷하게 한 모양이네."

서연이는 엄마의 말을 따라 했다.

"시청률이요? 텔레비전 프로그램?"

서연이 아빠가 엄마를 대신해 자세히게 설명했다.

"응. 어떤 프로그램을 방송하고 있을 때 그걸 실제로 보고 있는 사람 수의 비율을 전화로 조사해서 구하는 거야. 이게 높으면 그만큼 사람들이 많이 보고 또 좋아한다는 뜻이기 때문에 방송사들이 제일 신경 쓰는 숫자지. 시청률은 방송사가 회사들에게 광고를 팔 때 중요한 역할을 해."

서연이는 고개를 끄덕였다.

"그러니까 일반인 판정단의 투표 수로부터 시청률 비슷한 값을 얻을 수가 있겠네요. 투표한 100명 중에 열한 명이 사 먹고 싶다고 대답했으니까 우리 에코의 시청률은 11퍼센트겠네요. 그런데 이게 높은 건가? 엄마 요즘 보는 드라마는 시청률이 얼마나 돼요?"

서연이 엄마는 미처 생각하지 못했던 서연이의 질문에 당황했다.

"그걸 엄마가 어떻게 아니? 정말 히트 친 드라마는 50퍼센트를 넘기기도 하는데, 잠깐 있어 봐, 찾아볼 테니까. 요즘 인기 있는 드라마 하나는 14퍼센트고 또 다른 건 13퍼센트네."

"엄마가 보면서 연기는 잘하지만 스토리가 고구마 먹은 것처럼 답답하다고 했던 건 얼마나 돼요?"

"아 그거? 기다려 봐, 보자, 그건 제일 높았을 때가 4퍼센트가 안 돼. 얘, 너희가 얻은 11퍼센트 정도면 높은 거 맞네."

서연이는 기뻤다. 등수는 몰라도 그 정도면 자긍심을 가질 만했다. 아니, 생각하면 할수록 등수는 정말이지 중요하지 않았다. 비즈니스는 운동 경기가 아니었다. 그렇다고 서연이 마음이 완전히 편안하지는 않았다. 마음속에 응어리 같은 게 두 개 남아 있기 때문이었다. 서연이의 응어리를 어떻게 눈치챘는지 서연이 아빠가 물었다.

"뭔가 고민이 있니?"

서연이는 속마음을 들킨 것 같아 괜히 호들갑을 떨었다.

"고민? 고민이 없는 사람이 있나? 엄마 아빠도 고민 있잖아요."

서연이 아빠와 마찬가지로 서연이의 마음 상태를 느끼고 있던 서연이 엄마가 서연이를 다그쳤다.

"얘, 이상한 말 그만하구. 무슨 일인데 그래?"

서연이는 하는 수 없다는 듯 대답했다.

"앞으로 에코를 어떻게 해야 할지 고민이에요."

"그게 무슨 소리야? 창업 캠프는 오늘로 끝났잖니."

"그렇긴 한데, 그냥 이렇게 끝내기엔 뭔가 허무해요."

서연이 아빠는 서연이가 무슨 마음인지 알 것 같았다.

"비즈니스에 몰두하면 그런 마음이 들기 쉽지. 하지만 비즈니스도 끝이 없는 건 아니란다. 마치 피날레가 없는 음악은 없는 것처럼 말이야."

서연이는 아까부터 바로 그걸 물어보고 싶었다.

"비즈니스의 끝은 뭐예요?"

"창업한 스타트업이 언젠가는 마주해야 하는 끝에는 여러 가지 종류가 있어. 그중 가장 흔한 건 서연이 너도 이미 잘 알고 있을 것 같은데?"

"망하는 거요?"

"그래, 좀 더 우아하게 말해 회사 영업을 닫거나 버린다는 의미에서 폐업이라고도 하지. 법적으로는 '청산'이라는 절차를 밟게 돼. 회사가 갚아야 할 돈이 있으면 그걸 먼저 갚고 그러고도 남는 돈이 있으면 회사의 지분을 가진 사람들끼리 지분대로 나눠 갖는 거야. 보통 파산했을 땐 갚을 돈이 모자라 돈을 빌려준 곳에서 손해를 보고 끝나."

서연이는 거의 즉시로 대답했다.

"에코는 그런 상태는 아닌데요? 저희는 아직 돈도 있어요."

"맞아, 그런 결말만 있는 건 아니야. 개인으로서 큰 돈을 만지고 싶은 창업자들이 꿈꾸는 끝은 아마도 기업공개상장일 거야."

"아빠, 말이 어려워요."

서연이 아빠는 그럴 줄 알았다는 듯 말했다.

"기업공개상장은 회사의 지분을 증권거래소에서 사고팔 수 있게 한다는 뜻이야. 거래로 지분의 가격이 오르면 지분을 많이 가지고 있는 창업자의 재산도 그만큼 늘어나게 되거든."

서연이는 기업공개상장이 에코에겐 너무나 먼 얘기처럼 들렸다. 쪽박 아니면 대박만이 창업의 유일한 끝인지 궁금했다.

"그게 다예요?"

"그렇지 않아. 다른 끝도 가능해. 한 가지 끝은 아빠가 '필업'이라고 부르는 거야. 영어로는 '엑시트'라고 하지. 엑시트가 문 바깥으로 나가는 거잖아? 그러니까 남에 의해 강제로 그만하는 게 아니라 자신의 선택으로 그만두는 거야. 업을 마친다는 의미지. 필업은 창업자가 가지고 있던 지분을 다른 사람에게 넘기면서 돈을 받는 식으로 이루어지는 게 일반적이야."

서연이는 혼자 생각에 잠겼다. 잠시 후 서연이의 표정은 한결

밝아졌다.

"아빠, 그럼 에코는 돈 안 받는 필업을 할래요. 에코를 지금보다 더 키우려면 굉장히 애를 많이 써야 할 텐데 아직은 해야 할 공부가 많은 내가 그럴 수는 없잖아. 하지만 이번에 경험 많이 했으니까 나중에 커서 다시 하면 이빈보다는 훨씬 잘할 수 있을 것 같아."

서연이 마음속에는 이제 먹구름 한 조각만 남았다. 서연이는 창업 캠프 마지막 날인 오늘만큼은 곰아지 아저씨가 나타나리라 기대하고 있었다. 아쉽게도 그런 일은 벌어지지 않았다. 남아 있는 먹구름을 느낀 서연이 아빠는 서연이에게 물었다.

"곰아지 아저씨가 오늘 안 와서 서운해?"

서연이는 정말로 깜짝 놀랐다. 아빠가 그걸 어떻게 아는지 알 수 없었다. 그러다가 하나씩 퍼즐이 맞춰졌다. 곰아지 아저씨를 소개한 사람이 진시연 선생님이고 자기가 쿠키를 좋아한다는 걸 안다는 것만으로도 답은 확실했다. 서연이 머릿속에서 뿌옇던 안개가 걷히면서 환한 빛이 들었다.

"아빠!"

서연이 아빠는 서연이를 보며 환하게 웃었다.

부록

개념어사전

- **벤처(venture)** 세상의 문제를 해결하겠다는 꿈을 갖고 만든 작은 회사를 뜻해요. 스타트업 혹은 새싹기업이라는 말도 써요.

- **법인** 여러 사람이 모여 만든 단체 중 법적으로 사람과 비슷한 대우를 해 주는 단체를 가리켜요.

- **손익분기점** 회사의 버는 돈과 쓰는 돈이 같아지는 시점을 나타내요. 손익분기점을 넘긴 회사만이 오랫동안 없어지지 않고 활동을 할 수 있어요.

- **유니콘(unicorn)** 외뿔이 달린 말과 비슷한 상상 속의 동물이에요. 비즈니스에서는 회사의 가치가 약 1조 원 이상으로 커진 스타트업을 가리켜요.

- **수익 모델** 회사가 구체적으로 어떻게 돈을 벌지에 대한 방법이에요.

- **피벗(pivot)** 제자리에서 도는 회전을 나타내는 말로, 스타트업에서는 새로운 비즈니스나 수익 모델을 시도하는 걸 말해요.

- **구조 조정** 회사가 잘 안 되는 비즈니스를 정리하거나 다수의 직원을 해고하는 걸 나타내요.

- **벤처캐피털리스트(venture capitalist)** 스타트업에 투자하고 성장시키는 일을 하는 사람이에요.

- **증권거래소** 일정한 수준을 넘어선 회사들의 지분, 즉 주식을 일반인이 사고파는 곳이에요.

- **기업공개상장(IPO)** 회사가 커져서 증권거래소에서 그 회사의 주식을 일반인이 거래할 수 있게 하는 걸 가리켜요.

- **필업(畢業, exit)** 회사를 창업한 사람이 자기가 가진 회사 지분을 남에게 파는 등의 방식으로 일을 그만두는 걸 말해요.

부자가 되고 싶은
꿈 많은 어린이를 위한 창업 교육 동화

열두 살 창업학교

초판 1쇄 발행 2023년 7월 4일
초판 2쇄 발행 2024년 5월 2일

지은이 권오상
그린이 손수정
펴낸이 민혜영
펴낸곳 (주)카시오페아 출판사
주소 서울특별시 마포구 월드컵로 14길 56, 4층(서교동)
전화 02-303-5580 | 팩스 02-2179-8768
홈페이지 www.cassiopeiabook.com | 전자우편 editor@cassiopeiabook.com
출판등록 2012년 12월 27일 제2014-000277호

ⓒ권오상, 2023
ISBN 979-11-6827-122-7 (73320)

이 책은 저작권법에 따라 보호받는 저작물이므로 무단 전재와 복제를 금하며,
책의 전부 또는 일부를 이용하려면 반드시 저작권자와 (주)카시오페아 출판사의
서면 동의를 받아야 합니다.

• 잘못된 책은 구입하신 곳에서 바꿔드립니다.
• 책값은 뒤표지에 있습니다.